Unsere Kopiervorlagen: MEHR ALS NUR PAPPE!

STOPP – bitte noch nicht umblättern! Bevor Sie sich in Ihre Unterrichtsvorbereitung stürzen, nehmen Sie sich zwei Minuten Zeit und lesen eine kurze Einführung in die Welt der Papphefter vom Verlag an der Ruhr. Denn nur so haben Sie immer alle Vorteile im Blick:

... man findet sie in jedem Regal – ob zu Hause oder im Lehrerzimmer
... sie sind immer schnell zur Hand
... sie liefern jederzeit Ideen, kompakt, aber vielfältig
... sie passen in jede Lehrertasche
... sie sparen Zeit und schonen die Nerven
... sie sind beliebig zu ergänzen und zu sortieren
... sie schonen die Umwelt
... sie sind kreativ, innovativ und absolut praxisnah!

Ab jetzt mit neuem Verschluss

Ab sofort können Sie Ihre Kopiervorlagen spielend leicht aus dem Papphefter herausnehmen. Dank der raffinierten Konstruktion lässt sich jede Seite schnell entnehmen, ohne weitere Blätter lösen zu müssen.

1. LOSMACHEN

2. BLÄTTERN

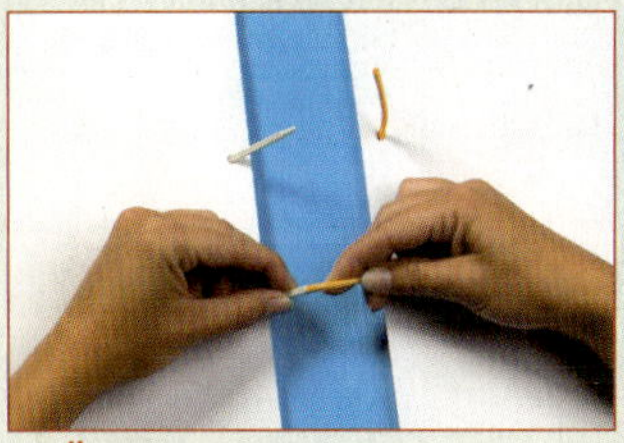
3. ÖFFNEN

4. HERAUSNEHMEN

5. EINFÜGEN

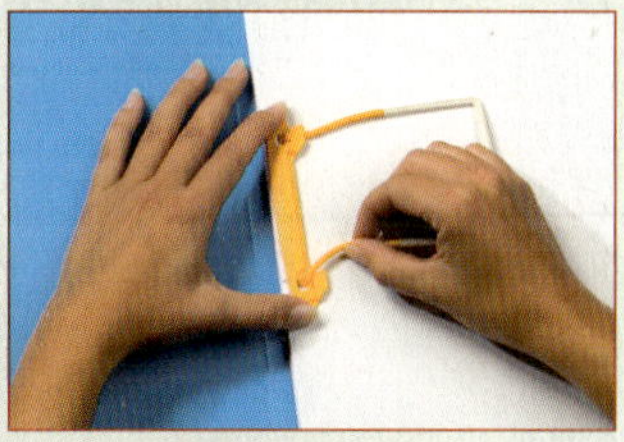
6. SCHLIESSEN

WUSSTEN SIE SCHON ...

... dass statistisch betrachtet jeder 2. Lehrer mind. einen Papphefter besitzt?
... dass sich derzeit ca. 1.750.000 Papphefter im Umlauf befinden und dass man, wenn man alle Papphefter hintereinander legt, zweimal das Ruhrgebiet umkreisen könnte?
... dass unsere Papphefter seit 25 Jahren treue Begleiter des Schulalltags sind – und dabei immer wieder mit neuen Ideen überraschen?
... dass die durchschnittliche Haltbarkeit eines Pappheftes 10 Jahre beträgt?
... dass sich unsere Pappen auch hervorragend als Sitzunterlage beim Grillen, als Tablett oder Untersetzer, Sonnenschutz oder Fächer beim Schulfest sowie als Sichtschutz bei Klassenarbeiten eignen?

KOPIERSCHUTZ

Mit diesem Papphefter erwerben Sie das Recht, die Kopiervorlagen aus dem Inhalt für Ihren eigenen Unterrichtsgebrauch in Klassensatzstärke zu vervielfältigen. Dies schließt die Weitergabe innerhalb des Kollegiums nicht mit ein. Wenn Sie von diesem Papphefter überzeugt sind, freuen wir uns, dass Sie Ihren Kollegen gegenüber eine Empfehlung aussprechen. Bitte geben Sie die Unterlagen nicht zum Kopieren weiter. Schützen Sie das Urheberrecht. Dies ermöglicht uns auch weiterhin, gute Materialien für Sie zu erstellen. Bitte beachten Sie dazu auch unsere Angaben im Impressum oder informieren Sie sich auf **www.schulbuchkopie.de**

Bernadette Frechen • Stefanie Schößler • Sabine Willmeroth (Hrsg.)

Die Winter-Werkstatt

Klasse 1/2

Kompetenzen erwerben im Sachunterricht

Verlag an der Ruhr

Impressum

Titel
Die Winter-Werkstatt – Klasse 1/2
Kompetenzen erwerben im Sachunterricht

Autorinnen
Bernadette Frechen, Stefanie Schößler, Sabine Willmeroth (Hrsg.)

Titelbildmotiv
© Stefan Katzlinger – Fotolia.com

Bildnachweis Farbseiten
S. 61 o.l. © lye – Fotolia.com, o.r. © Leiftryn – Fotolia.com, u.l. © Valery Kirsanov – Fotolia.com, u.r. © Maksym Gorpenyuk – Fotolia.com, S. 62 © Zbyszek Nowak – Fotolia.com

Illustrationen
Eva Spanjardt u.a.

Verlag an der Ruhr
Mülheim an der Ruhr
www.verlagruhr.de

Geeignet für die Klassen 1–2

Unser Beitrag zum Umweltschutz
Wir sind seit 2008 ein ÖKOPROFIT®-Betrieb und setzen uns damit aktiv für den Umweltschutz ein. Das ÖKOPROFIT®-Projekt unterstützt Betriebe dabei, die Umwelt durch nachhaltiges Wirtschaften zu entlasten.
Unsere Produkte sind grundsätzlich auf chlorfrei gebleichtes und nach Umweltschutzstandards zertifiziertes Papier gedruckt.

ISBN 978-3-8346-0550-4

Druck: Druckerei Uwe Nolte, Iserlohn, DE

Ein weiterer Titel dieser Reihe:

Die Winter-Werkstatt – Klasse 3/4
Sabine Willmeroth (Hrsg.)
Kl. 3–4, 60 S., A4, Papphefter (mit farbigen Abb.)
ISBN 978-3-8346-0551-1

Inhaltsverzeichnis

Kapitel 1: Tiere im Winter

Kapitel 2: Jahreszeiten & Kalender

Kapitel 3: Temperaturmessung

Kapitel 4: Advent & Weihnachten

Kapitel 5: Eis & Schnee

Vorwort

Der Winter ist für Kinder eine abwechslungsreiche Zeit voller sinnlicher Naturerlebnisse, Brauchtümer und Überraschungen. Viele Fragen stellen sich: Wie entsteht Schnee? Warum ist es im Winter kälter als im Sommer? Was machen die Tiere im Winter, wenn man sie nicht mehr sieht? Wer ist eigentlich Nikolaus? Auf diese und viele weitere Fragen, die Kinder interessieren, gibt diese Winter-Werkstatt Antworten.

Die Materialien sind in 5 Kapitel unterteilt:

Tiere im Winter
(ab S. 8)

Jahreszeiten & Kalender
(ab S. 19)

Temperaturmessung
(ab S. 31)

Advent & Weihnachten
(ab S. 41)

Eis & Schnee
(ab S. 52)

Alle Angebote laden die Kinder zum **selbstständigen Entdecken, Forschen und Experimentieren** ein.

In jedem dieser Bereiche finden sich Angebote, die den Erwerb von **Sach- und Methodenkompetenzen** unterstützen, die in den Lehrplänen aller Bundesländer für den Sachunterricht gefordert sind.

Dem gesamten Materialangebot liegt der Gedanke des **offenen Unterrichts** zu Grunde. Die Schüler erwerben Wissen und trainieren ihre Fähigkeiten weitgehend selbstgesteuert.

A Zu den 5 verschiedenen Themengebieten finden Sie jeweils mehrere **Auftragskarten**, die mit dem Buchstaben **A** im Logo versehen sind. Darauf befinden sich konkrete, aber weitgehend **offene Arbeitsaufträge** zu verschiedenen Inhalten.

M Des Weiteren finden Sie passend zu den Auftragskarten **Materialseiten**, die mit dem Buchstaben **M** im Logo versehen sind. Die Materialseiten bestehen aus **Infotexten, Arbeitsblättern, Bildkarten** und **Experimenten**, die für die Bearbeitung der Arbeitsaufträge notwendig sind. Darüber hinaus gibt es auch Materialseiten, die unabhängig von den Auftragskarten einsetzbar sind, z.B. **Spiele** oder **zusätzliche Arbeitsblätter**.

Es ist durchaus erwünscht, dass die Kinder die **Materialseiten** nicht nur als Arbeitsblätter verstehen, sondern **frei nutzen**, indem sie durch Zerschneiden, Kombinieren, Nachzeichnen etc. eigene Ideen umsetzen.

Einige Auftragskarten setzen gar keine Materialien aus dieser Mappe voraus, sondern erfordern einfach nur Alltagsmaterial, wie z.B. Thermometer, Kalender oder Filmdöschen.

Die Kinder sind frei in der **Auswahl der Auftragskarten** und in der Nutzung des mitgelieferten Materials. Daraus ergibt sich sowohl quantitativ als auch qualitativ eine **natürliche Differenzierung**.
Dieses offene Konzept ermöglicht es den Kindern, eine eigene Individualisierung des Unterrichts vorzunehmen. Die Kinder entscheiden, je nach ihrer **Selbsteinschätzung**, auf welchem Niveau sie die Aufgaben bearbeiten möchten.

Zur Differenzierung für schwächere Leser oder eine **jahrgangsgemischte Gruppe** enthält diese Winterwerkstatt bestimmte Angebote, die sowohl mit Bildmaterial als auch mit Hilfe von Texten bearbeitet werden können.
Die beiden **Leitfäden** (S. 6/7) am Anfang dieser Mappe helfen den Kindern bei der eigenverantwortlichen Arbeit mit Texten und beim Gestalten eigener Seiten zu den Themen.
Sie dienen Ihnen als Lehrkraft auch als **Evaluationsgrundlage** der Schülerarbeiten. Gleichzeitig

Vorwort

bieten die angebotenen Kriterien der Leitfäden den Kindern ein sicheres Raster für die **Bewertung der eigenen Arbeit** und die ihrer Mitschüler.

Idealerweise kopieren Sie die Leitfäden größer und hängen sie gut sichtbar im Klassenraum auf.

Die Form der Dokumentation in den eigenen Unterlagen der Schüler ist von Ihnen frei bestimmbar. Denkbar sind z.B. das **Portfolio**, die **Sachunterrichtsmappe**, das **Werkstattheft** oder das **Lerntagebuch**.

Zu den wichtigsten übergreifenden **Kompetenzen des Sachunterrichts**, die in diesen Materialien gefördert werden, gehören:

- Recherchieren, auch im Internet
- Informationen sammeln und bewerten
- Material sammeln, vergleichen und untersuchen
- Messinstrumente nutzen
- Anfertigen von Tabellen, Zeichnungen, Collagen und Plakaten
- Schreiben und Gestalten eigener Geschichten und Texte unter Nutzung vorhandener Medien
- Experimente planen, aufbauen, durchführen und auswerten
- Dokumentieren von Arbeitsergebnissen
- Präsentieren von Gelerntem

Informationen und Tipps zu den Angeboten:

- Es hat sich als sinnvoll erwiesen, alle Angebote im Klassenraum in Form einer Materialsammlung zur Verfügung zu stellen. Eine räumliche Trennung der 5 Themenbereiche erleichtert den Kindern dabei die Orientierung.
- Praktisch ist es immer, die Angebote in Ablagekörben zu präsentieren und alle weiteren Arbeitsutensilien zusammen bereitzulegen. Sofern zusätzliches Material für eine Aufgabe benötigt wird, ist dies auf der Auftragskarte oder den Arbeitsblättern vermerkt.
- In einigen Fällen ist es sinnvoll, die Kopiervorlagen auf DIN A3 zu vergrößern, damit Bilder oder Ausschneidevorlagen größer werden.
- Für die Auftragskarten „Weihnachtsduft-Memory®" und „Weihnachtsdüfte zuordnen" sollten Sie im Vorfeld verschiedene weihnachtliche Duftstoffe in Filmdöschen einfüllen (dabei immer 2 Döschen mit dem gleichen Duft füllen).
- Für einige Aufträge benötigen die Kinder einen internetfähigen PC. Stellen Sie am besten 2–4 Internet-PC zur Verfügung, an denen sich die Kinder abwechseln können.
- Stellen Sie den Kindern für die gesamte Arbeit ausreichend Blankopapier und die üblichen Bastelutensilien zu Verfügung.
- Für das Kapitel „Jahreszeiten & Kalender" (ab S. 19) stellen Sie mehrere, verschiedenartige, aktuelle Kalender für die Kinder bereit. Ideale Kalenderformate finden Sie im Internet, die Sie auch farbig ausdrucken und laminieren können (z.B. DIN-A4-Format).
- Für das Kapitel „Temperaturmessung" (ab S. 31) stellen Sie den Kindern verschiedene Innen- und Außenthermometer zur Verfügung. Natürlich können Sie diese Materialien auch von den Kindern mitbringen lassen.
- Bitte beachten Sie, dass es nicht zu allen Auftragskarten passende Arbeitsblätter gibt. Oft wird einfach nur Alltagsmaterial benötigt. Umgekehrt gibt es Arbeitsblätter, die sich keiner Auftragskarte zuordnen lassen, sondern für sich alleine stehen (S. 26, 27, 28, 29, 40, 51, 56, 59).

Und nun wünschen wir Ihnen viel Freude und Erfolg im kompetenzorientierten Sachunterricht,

Bernadette Frechen
Stefanie Schößler
Sabine Willmeroth

Leitfaden zum Verstehen von Texten

1. Erstes Lesen – schwierige Wörter klären

- Lies den Text langsam und genau.
- Unterstreiche Wörter, die du nicht kennst.
- Schlage diese Wörter im Lexikon nach oder lasse sie dir von jemandem erklären.

2. Zweites Lesen – den Text verstehen

- Markiere die wichtigsten Aussagen mit einem Textmarker.
- Zeichne zu den Abschnitten des Textes kleine Bilder.

3. Nach dem Lesen

- Beantworte die Fragen zum Text.
- Markiere die Frage und die entsprechende Textstelle in der gleichen Farbe.
- Nutze den Text für deine Weiterarbeit, zum Beispiel für das Gestalten einer Seite.

© Verlag an der Ruhr | Postfach 10 22 51 | 45422 Mülheim an der Ruhr | www.verlagruhr.de | ISBN 978-3-8346-0550-4

Leitfaden zur Gestaltung einer Seite …

… für dein Lerntagebuch, deine Sachunterrichtsmappe oder dein Forscherheft

1. Vor dem Arbeiten

- Wähle einen Text.
- Lies den Text gut durch.
- Markiere wichtige Dinge im Text.
- Lege alle Materialien bereit, die du brauchst.

2. Beim Arbeiten

- Du kannst den Text:
  - aufkleben
  - abschreiben
  - mit eigenen Worten zusammenfassen
- Lass dir Tipps von Mitschülern oder deinem Lehrer geben.
- Du kannst noch mehr Informationen im Internet, in Büchern oder in Zeitschriften suchen.

3. Hinweise zur guten Gestaltung

- Arbeite immer sauber und ordentlich.
- Schreibe eine Überschrift und das Datum auf.
- Klebe passende Bilder aus dem Materialangebot auf.
- Male eigene Bilder dazu.
- Achte darauf, dass deine Seite nicht zu voll wird.

| ISBN 978-3-8346-0550-4

So überwintern Tiere

A

Auftrag:

⇨ Finde heraus, wie Tiere bei uns überwintern.

M

Dieses Material hilft dir:

- Arbeitsblatt: Das Eichhörnchen im Winter (S. 10)
- Arbeitsblatt: Der Igel im Winter (S. 11)
- Arbeitsblatt: Fische und Frösche im Winter (S. 12)
- Arbeitsblatt: Vögel füttern (S. 13)
- 2 Arbeitsblätter: Wie überwintern Tiere? (S. 14/15)

Internet-Auftrag: Vögel im Winter

A

Auftrag:

⇨ Informiere dich im Internet über Vögel im Winter.

⇨ Bearbeite dazu **einen der beiden** Aufträge auf dieser Karte.

Auftrag A: Suche dir eine Wissenskarte auf der Internetseite www.wissenskarten.de aus.
Gestalte dazu eine Seite.

Auftrag B: Beantworte die Fragen auf dem Arbeitsblatt.

M

Dieses Material hilft dir:

- Arbeitsblatt: Vogel-Recherche (S. 16)

© Verlag an der Ruhr | 45422 Mülheim an der Ruhr | **www.verlagruhr.de** | ISBN 978-3-8346-0550-4

Spuren im Schnee

A

Auftrag:

⇨ Spiele mit einem Partner das Tierspuren-Memory®.

M **Dieses Material hilft dir:**

- Arbeitsblatt: Spuren im Schnee (S. 17)
- Arbeitsblatt: Tierspuren-Memory® (S. 18)

Schreiben zu Bildern

A

Auftrag:

⇨ Betrachte die Bilder von den Tieren im Winter (S. 61 **oder** S. 62).

⇨ Denke dir eine Geschichte zu diesen Bildern aus.

⇨ Schreibe deine Geschichte auf
und lies sie deinen Mitschülern vor.

M **Dieses Material hilft dir:**

- Fotos von Tieren im Winter (S. 61, 62)

Das Eichhörnchen im Winter

M

Das Eichhörnchen hält Winterruhe. Es zieht sich in den kalten Wintermonaten in sein Nest zurück. Hier verbringt es die meiste Zeit. Es steht aber hin und wieder auf, um an seine Futtervorräte zu gehen.
Im Winter findet das Eichhörnchen keine Nahrung mehr. Dafür hat es im Herbst vorgesorgt.
Es hat Nüsse und Bucheckern an sicheren Orten versteckt. Im Winter muss es dann nur noch an seine Speisekammer gehen und sich bedienen.

1. Wo verbringt das Eichhörnchen die Wintermonate? Unterstreiche **rot**.

2. Was tut das Eichhörnchen im Herbst, um für den Winter genug Nahrung zu haben? Unterstreiche **grün**.

Gestalte zum Eichhörnchen eine eigene Seite.
Der Leitfaden zur Gestaltung einer Seite hilft dir.

Der Igel im Winter

M

Für die Tiere ist der Winter die härteste Jahreszeit.
Um sie zu überstehen, haben sich die Tiere der Natur angepasst, so gut es geht. Der Igel frisst sich im Herbst ein dickes Fettpolster an. Dann zieht er sich in sein Winterquartier zurück, zum Beispiel unter einen großen Blätterhaufen.
Dort hält er einen Winterschlaf. Um möglichst wenig Energie zu verbrauchen, werden die Atmung und der Herzschlag langsamer und schwächer. Seine Körpertemperatur sinkt.
Im Frühling, wenn der Igel aus seinem Nest hervorkommt, ist er abgemagert und hungrig. Dann geht er sofort auf Nahrungssuche.

1. Was tut der Igel, um sich auf den Winter vorzubereiten? Unterstreiche **rot**.

2. Was geschieht während des Winterschlafes mit dem Igel? Unterstreiche **grün**.

Gestalte zum Igel eine eigene Seite.
Der Leitfaden zur Gestaltung einer Seite hilft dir.

Fische und Frösche im Winter

M

Fische und Frösche verbringen den Winter völlig bewegungslos.
Man sagt, sie fallen in eine Winterstarre oder Kältestarre.
Die Fische ziehen sich ganz tief auf den Grund des Sees zurück und fressen in dieser Zeit gar nichts.
Auch die Frösche erstarren im Schlamm von Teichen.
Ihre Körpertemperatur sinkt genauso stark ab wie die Temperatur der Umgebung.

1. Wohin ziehen sich die Fische zurück?
Unterstreiche **rot**.

2. Was geschieht mit der Körpertemperatur der Tiere?

Gestalte eine eigene Seite zu Fischen und Fröschen.
Der Leitfaden zur Gestaltung einer Seite hilft dir.

Vögel füttern

Wenn es draußen kälter wird, machen sich viele Vögel auf den Weg in wärmere Gebiete. Im Winter finden sie bei uns nicht mehr genug Futter. Vögel, die in den Süden ziehen, werden Zugvögel genannt. Aber nicht alle Vögel ziehen fort. Vögel, die bei uns bleiben, werden Standvögel genannt. Zu den Standvögeln gehören der Spatz, die Meise, die Amsel und der Specht. Viele Menschen stellen im Winter Futterhäuschen für die Standvögel auf. Häufig füttern sie die Vögel aber zu früh. Erst, wenn der Boden hart gefroren und mit Schnee bedeckt ist, sollte man anfangen, die Vögel zu füttern. Zur Fütterung eignen sich Meisenknödel oder Futterzapfen besser als Futterhäuschen. Denn dort können Krankheiten durch den Vogelkot übertragen werden.

1. Warum fliegen Zugvögel im Winter in wärmere Gebiete? Unterstreiche **rot**.
2. Wie nennt man Vögel, die im Winter bei uns bleiben? Unterstreiche **blau**.
3. Ab wann sollte man beginnen, die Vögel zu füttern? Unterstreiche **grün**.
4. Was eignet sich am besten zur Fütterung? Unterstreiche **gelb**.

Gestalte eine eigene Seite zur Vogelfütterung.
Der Leitfaden zur Gestaltung einer Seite hilft dir.

 | ISBN 978-3-8346-0550-4

Wie überwintern Tiere? (1/2)

M

1. Zeichne diese Tabelle vergrößert in dein Heft.
Schreibe in jedes Feld eines dieser Wörter: Winterschlaf, Winterruhe, Winterstarre und winteraktive Tiere.

Winterschlaf	Winterruhe	Winterstarre	winteraktive Tiere

2. Schneide die 12 Tiere aus. Klebe sie unter den richtigen Begriff in deiner Tabelle. Lies dazu das Arbeitsblatt „Wie überwintern Tiere? (2/2)“.

Wie überwintern Tiere? (2/2)

M

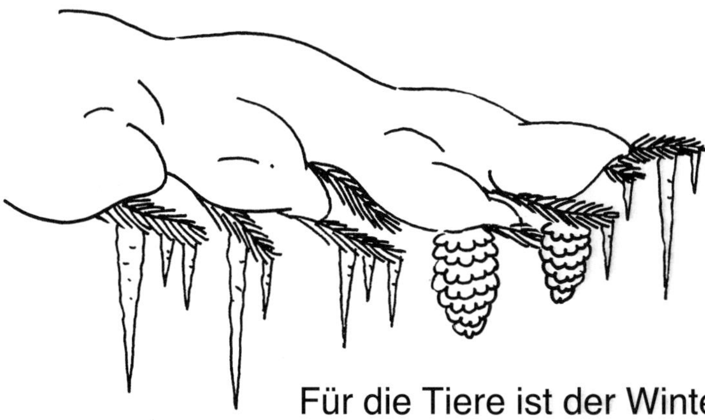

Für die Tiere ist der Winter die härteste Jahreszeit. Manche Vögel fliegen im Winter in den Süden, weil sie bei uns keine Nahrung (Insekten) mehr finden.
Diese Vögel nennt man **Zugvögel**.
Tiere, die bei uns bleiben, haben sich der Natur bestmöglich angepasst. Sie halten Winterschlaf, Winterruhe oder fallen in eine Winterstarre.
Winterschlaf halten zum Beispiel der Igel, das Murmeltier, der Siebenschläfer und die Fledermaus.
Winterruhe halten zum Beispiel das Eichhörnchen, der Dachs und der Hamster.
In **Winterstarre** fallen der Fisch, der Frosch, der Marienkäfer, die Schlange und die Schnecke.
Winteraktiv sind die Säugetiere und Vögel, die im Winter bei uns bleiben und täglich auf Futtersuche gehen. Ihr dickes Fell oder ihr dichtes Federkleid schützt sie vor der Kälte. Zu den winteraktiven Tieren gehören der Fuchs, das Reh, der Hase und der Schwan.

Gestalte eine eigene Seite zur Überwinterung von Tieren.
Der Leitfaden zur Gestaltung einer Seite hilft dir.

Vogel-Recherche

M

a) Gib in die Adresszeile folgende Adresse ein:
www.wissenskarten.de und drücke die ENTER-Taste ↵.

b) Suche ☼ „Jahreszeiten“ und klicke darauf.

c) Suche 🗁 „Die Jahreszeit Winter“ und klicke darauf.

d) Suche 🗁 „Vögel im Winter“ und klicke darauf.

e) Suche 🗎 „Was ist ein Standvogel?“.

Beantworte nun die Fragen:

1. Kannst du 3 Standvögel herausfinden? Nenne sie!

2. Was tun Standvögel im Winter?

3. Was fressen Standvögel?

Spuren im Schnee

M

Im Winter findest du mit etwas Glück im frischen Schnee Spuren von Tieren.
Hier siehst du einige Beispiele:

 Wildschwein 

 Fuchs 

 Reh 

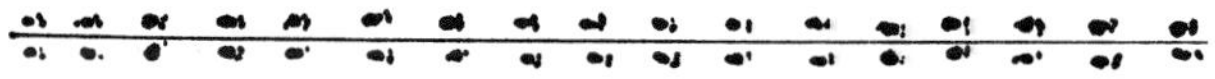 Maus 

 Katze 

 Hase 

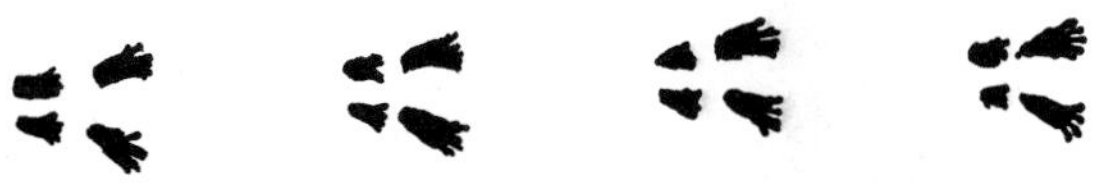 Eichhörnchen 

 Hirsch 

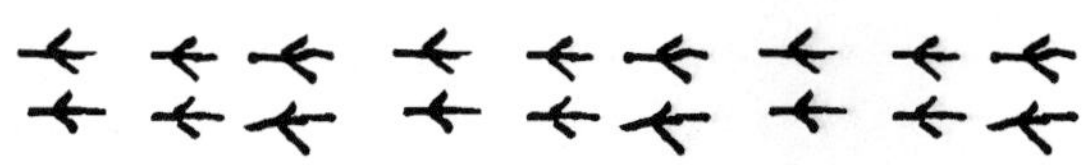 Vogel 

 | ISBN 978-3-8346-0550-4

Tierspuren-Memory®

M

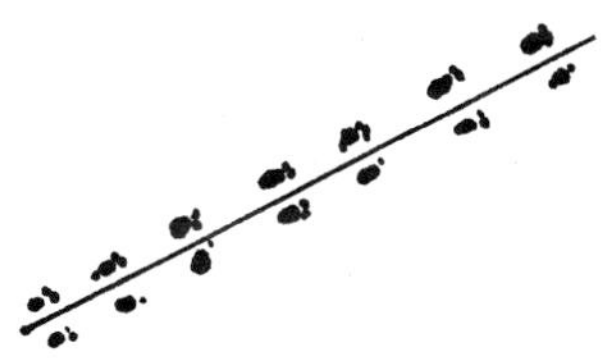

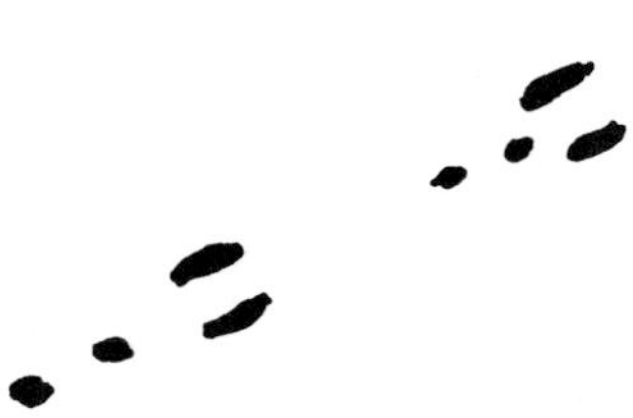

Ein Leporello zu den 12 Monaten

A

Jeder Monat hat etwas Besonderes.

Auftrag:

- Gestalte zu jedem Monat ein Bild in das passende Leporello-Feld.
- Schneide die Leporello-Vorlage aus.
- Klebe sie an der markierten Stelle zusammen.

Falte das Leporello wie eine Ziehharmonika zusammen.

M **Dieses Material hilft dir:**

- Arbeitsblatt: Leporello-Vorlage (S. 22, auf DIN A3 vergrößert)
- Kalender
- Stifte, Schere, Kleber

Jahreszeiten & Kalender

Die Monate sortieren

A

Auftrag:

- Schneide die Monatskärtchen und die Bildkärtchen aus.
- Klebe die Monatskärtchen in der richtigen Reihenfolge in dein Heft.
- Klebe die Bildkärtchen zu dem passenden Monat.

Achtung: Es kann mehrere Lösungen geben. Erkläre einem Partner oder der Klasse, wie du die Bilder zugeordnet hast.

M **Dieses Material hilft dir:**

- Arbeitsblatt: Monatskärtchen (S. 23)
- Kalender
- Schere, Kleber

Die **Winter**-Werkstatt 1/2

19

© Verlag an der Ruhr | 45422 Mülheim an der Ruhr | **www.verlagruhr.de** | ISBN 978-3-8346-0550-4

Die Wochentage

Auftrag:

- Wie heißen die sieben Wochentage?
- Schreibe sie in der richtigen Reihenfolge auf.
- Kontrolliere mit dem Kalender.

M **Dieses Material hilft dir:**

- Kalender

Jahreszeiten & Kalender

Das Jahr erforschen

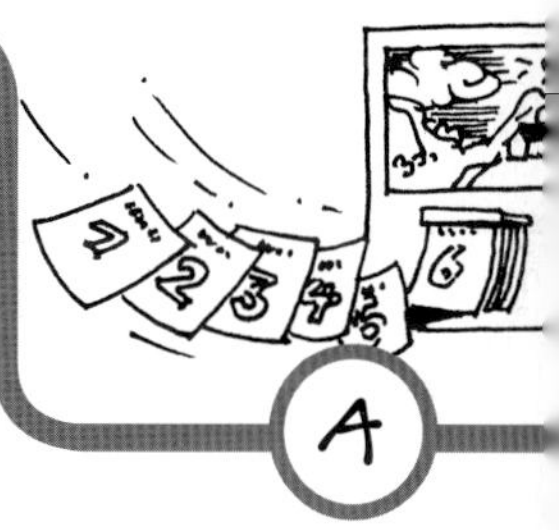

Auftrag:

- Finde heraus, wann in diesem Jahr bestimmte Ereignisse stattfinden.

M **Dieses Material hilft dir:**

- Kalender
- 2 Arbeitsblätter: Kalenderforscher (S. 24, 25)

1/2
Die **Winter**-Werkstatt
20

© Verlag an der Ruhr | 45422 Mülheim an der Ruhr | www.verlagruhr.de | ISBN 978-3-8346-0550-4

Wochen und Tage im Jahr

A

Auftrag:

- Finde heraus, wie viele Wochen ein Jahr hat.
- Finde auch heraus, wie viele Tage ein Jahr hat.
  Der Kalender hilft dir dabei.
- Schreibe Antwortsätze zu den Fragen.

M **Dieses Material hilft dir:**

- Kalender
- Arbeitsblatt: Das Schaltjahr (S. 30)

Jahreszeiten-Plakat

A

Auftrag:

- Suche dir eine der 4 Jahreszeiten aus.
- Überlege dir, wie du sie darstellen kannst.
- Gestalte ein Plakat dazu.

M **Dieses Material hilft dir:**

- Bastelmaterial: Tonpapier, Buntstifte, Schere, buntes Bastelpapier …
- Kalender

Leporello-Vorlage

M

Klebefläche

Juni

Mai

April

März

Februar

Januar

Dezember

November

Oktober

September

August

Juli

 | ISBN 978-3-8346-0550-4

Monatskärtchen

April	August	Dezember	März
September	Januar	Juni	November
Mai	Oktober	Februar	Juli

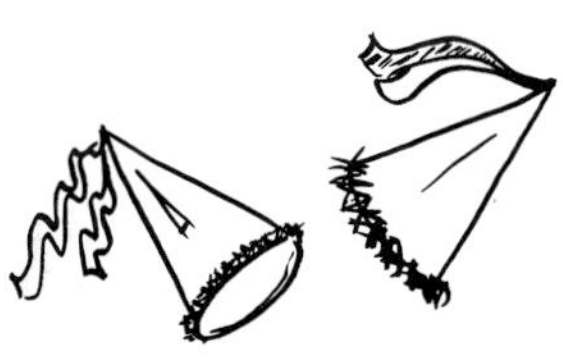

| ISBN 978-3-8346-0550-4

Kalenderforscher (1/2)

Wie viele Monate hat ein Jahr? ____________________

Wie viele Wochen hat ein Jahr? ____________________

Wie viele Tage hat ein Jahr? ____________________

Der Frühling fängt dieses Jahr am ____________________ an.

Der Sommer fängt dieses Jahr am ____________________ an.

Der Herbst fängt dieses Jahr am ____________________ an.

Der Winter fängt dieses Jahr am ____________________ an.

1. Es gibt Feiertage, die fallen in jedem Jahr auf dasselbe Datum. Schau in einem Kalender nach. Finde heraus, wie die Feiertage heißen.

1. Januar: ________________________________

6. Januar: ________________________________

6. Dezember: ________________________________

24./25. Dezember: ________________________________

31. Dezember: ________________________________

2. Es gibt auch Feiertage, die in jedem Jahr ein anderes Datum haben. Schaue in einem Kalender nach. Auf welches Datum fallen sie in diesem Jahr?

Ostern: ______________	1. Advent: ______________
Muttertag: ______________	2. Advent: ______________
Pfingsten: ______________	3. Advent: ______________

 | ISBN 978-3-8346-0550-4

Kalenderforscher (2/2)

M

1. In welchem Monat feiern wir Karneval?

____

2. An welchem Wochentag ist in diesem Jahr Nikolaus?

____

3. Welcher Wochentag ist der 26. Januar in diesem Jahr?

____

4. Welcher Wochentag ist der 10. Oktober in diesem Jahr?

____

5. Welcher Wochentag ist der 9. Juni in diesem Jahr?

____

6. An welchem Wochentag hast du in diesem Jahr Geburtstag?

____

7. In welchem Monat ist Weihnachten?

____

8. Wie viele Sonntage gibt es im Januar?

____

Jahreszeiten-Bilder (1/2)

Schneide die Bilder auf dem Arbeitsblatt „Jahreszeiten-Bilder“ (2/2) aus und klebe sie in die richtige Spalte.

Frühling	Sommer	Herbst	Winter

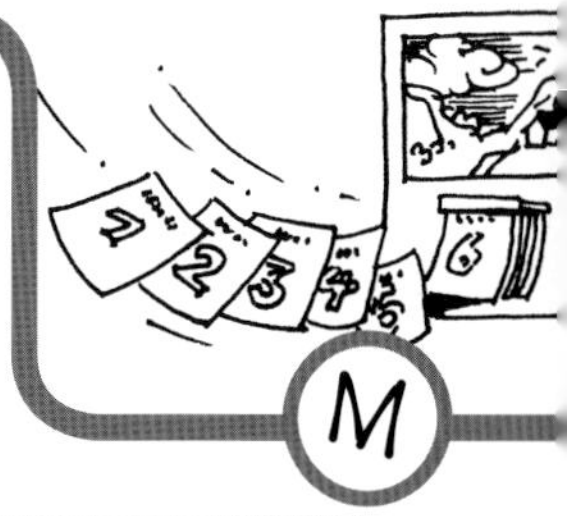

Jahreszeiten-Bilder (2/2)

Jahreszeiten-Tätigkeiten

M

Was tut man in welcher Jahreszeit?
Schreibe die Tätigkeiten in die passende Spalte.
Gibt es Dinge, die du in mehreren Jahreszeiten tun kannst?

Frühling	**Sommer**
Herbst	**Winter**

- Laternen basteln
- ins Freibad gehen
- Drachen steigen lassen
- einen Schneemann bauen
- im Garten grillen
- Ostereier suchen
- Schal und Handschuhe anziehen
- Muttertagsgeschenk basteln
- Äpfel ernten
- den Weihnachtsbaum schmücken
- Erdbeeren pflücken
- einen Maibaum aufstellen
- ein Buch lesen

Der Knöcheltrick

Die 12 Monate des Jahres haben unterschiedlich viele Tage.
Mit dem „Knöcheltrick“ kannst du schnell herausfinden, welcher Monat wie viele Tage hat.

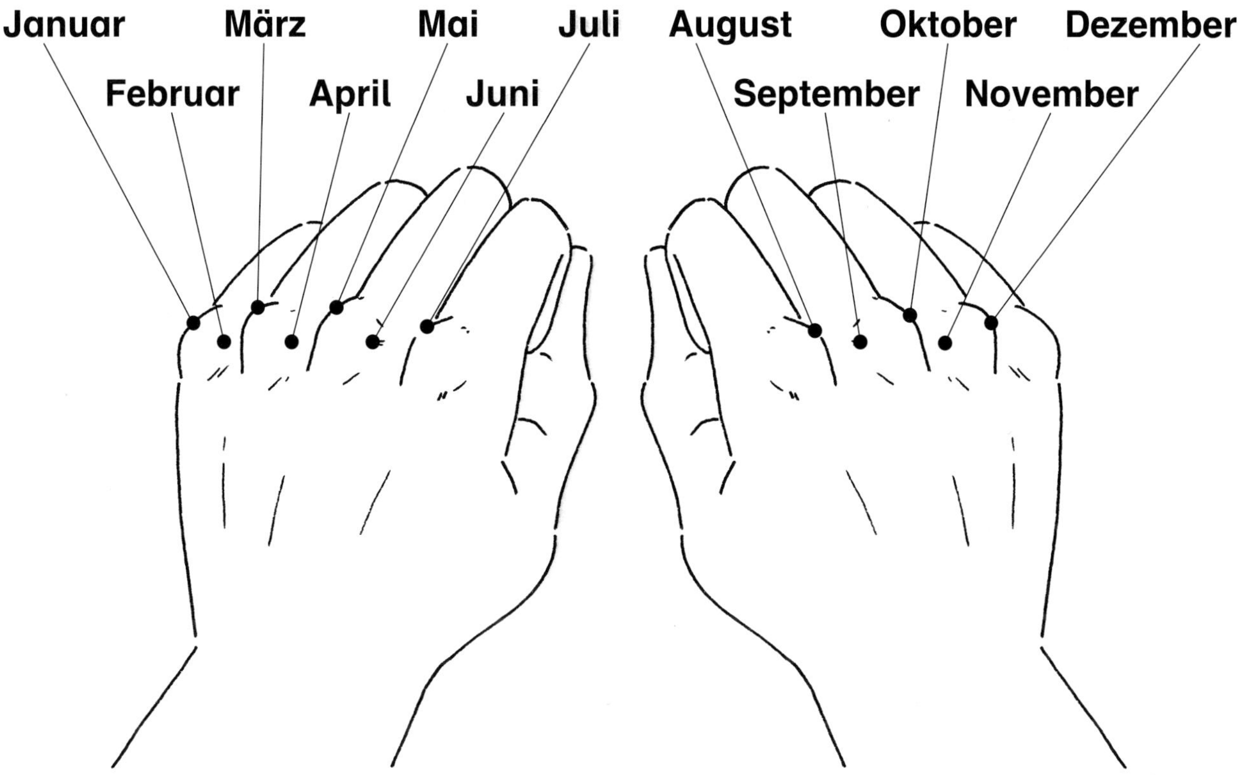

Die Monate auf den Knöcheln haben 31 Tage.
Die Monate zwischen den Knöcheln haben 30 Tage.
Der Februar ist ein ganz besonderer Monat.
Er hat nur 28 Tage. Alle 4 Jahre hat er 29 Tage.
Dieses Jahr nennt man Schaltjahr.

Gestalte hierzu eine eigene Seite. Schreibe für jeden Monat die entsprechende Anzahl der Tage dazu.
Der Leitfaden zur Gestaltung einer Seite hilft dir.

Das Schaltjahr

M

Ein Schaltjahr gibt es alle 4 Jahre. Das Schaltjahr hat einen Tag mehr als die anderen Jahre, nämlich den 29. Februar. Wie kommt das?

Wir wissen: Die Erde ist eine Kugel. Sie kreist auf einer bestimmten Bahn um die Sonne. Dazu benötigt sie 365 Tage und ungefähr 6 Stunden. Es dauert also 1 Jahr und 6 Stunden, bis die Erde wieder an dem Punkt angekommen ist, an dem sie ihre Reise um die Sonne begonnen hat.
Wenn die Erde die Sonne ein zweites Mal umkreist hat, sind 2 Jahre und 12 Stunden vergangen. Beim dritten Mal sind es bereits 3 Jahre und 18 Stunden. Nach dem vierten Jahr sind es 4 Jahre und 24 Stunden.
Diese 24 Stunden sind wieder ein ganzer Tag. Dieser Tag hat sich über 4 Jahre angesammelt. Deshalb bekommt das vierte Jahr diesen Tag mehr – den 29. Februar. Das Jahr 2008 zum Beispiel war ein Schaltjahr.

➯ Schreibe die nächsten 5 Schaltjahre auf.

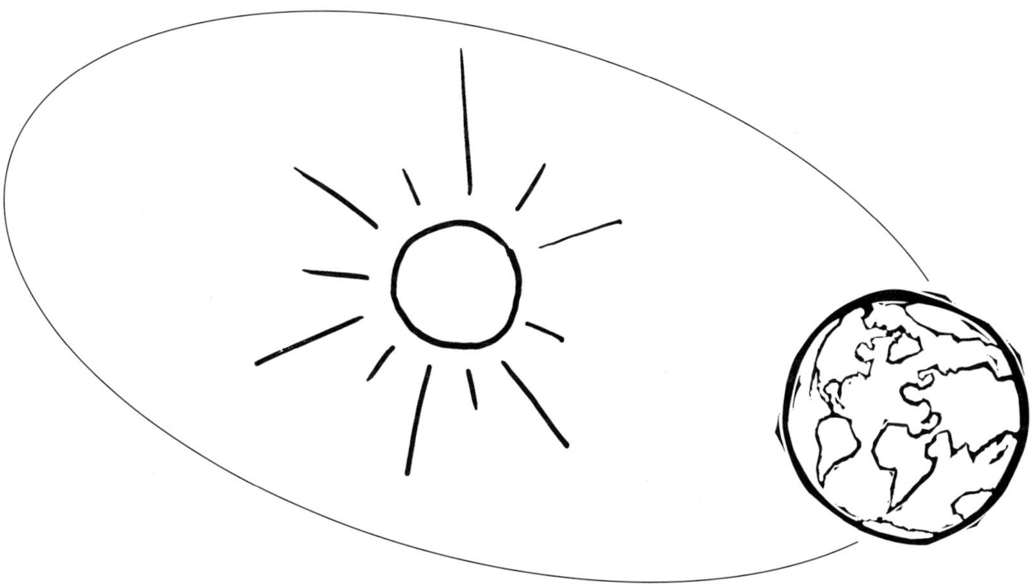

Gestalte aus den Informationen eine eigene Seite.
Der Leitfaden zur Gestaltung einer Seite hilft dir.

Thermometer-Forscher

A

Auftrag:

Informiere dich:

- Wie funktioniert ein Thermometer?
- Wofür benutze ich welches Thermometer?
- Wie liest man es richtig ab?

M **Dieses Material hilft dir:**

- Arbeitsblatt: Das Thermometer (S. 34)
- Arbeitsblatt: Verschiedene Thermometer (S. 35)
- 2 Arbeitsblätter: Wie viel Grad ist es? (S. 36, 37)
- Arbeitsblatt: Temperatur-Memory® (S. 38)
- Arbeitsblatt: Temperaturen zuordnen (S. 39)

 | ISBN 978-3-8346-0550-4

Temperaturmessung

Temperaturen einer Schulwoche

A

Auftrag:

- Lies eine Woche lang jeden Tag zur gleichen Zeit die Temperatur auf dem Außenthermometer ab.
- Trage deine Ergebnisse in das Diagramm ein.
- Trage auch den Zeitraum der Messung ein (Datum und Uhrzeit).

M **Dieses Material hilft dir:**

- Außenthermometer
- Arbeitsblatt: Temperaturen einer Schulwoche (S. 33)

© Verlag an der Ruhr | 45422 Mülheim an der Ruhr | www.verlagruhr.de | ISBN 978-3-8346-0550-4

Die Winter-Werkstatt 1/2
31

Temperaturen einer Schulwoche

M

vom ___________ bis ___________ 20___. Gemessen um ______ Uhr.

14 °C					
13 °C					
12 °C					
11 °C					
10 °C					
9 °C					
8 °C					
7 °C					
6 °C					
5 °C					
4 °C					
3 °C					
2 °C					
1 °C					
0 °C					
–1 °C					
–2 °C					
–3 °C					
–4 °C					
–5 °C					
–6 °C					
–7 °C					
–8 °C					
–9 °C					
–10 °C					
–11 °C					
–12 °C					
Wochentag:	Montag	Dienstag	Mittwoch	Donnerstag	Freitag
Datum:					

Veränderungen am Thermometer

A

Auftrag:

⇨ Beobachte, was mit dem Thermometer passiert:
Halte es nacheinander
- in ein Glas mit Eiswürfeln
- in ein Glas mit normalem Leitungswasser
- in ein Glas mit warmem Leitungswasser

⇨ Notiere deine Ergebnisse!

M **Dieses Material hilft dir:**
- Thermometer
- Wasserglas
- Eiswürfel

Temperaturmessung

Temperatur-Memory®

A

Auftrag:

⇨ Spiele mit einem Partner das Temperatur-Memory®.

M **Dieses Material hilft dir:**
- Temperatur-Memory® (S. 38)

Die **Winter**-Werkstatt 1/2
32

© Verlag an der Ruhr | 45422 Mülheim an der Ruhr | **www.verlagruhr.de** | ISBN 978-3-8346-0550-4

Das Thermometer

Das Wort „Thermometer“ stammt aus der griechischen Sprache und bedeutet: Temperaturmessgerät. Die Temperatur wird mit Hilfe einer Flüssigkeit gemessen. Sie dehnt sich bei Wärme aus und steigt in einem Glasröhrchen nach oben.
Der Schwede Andreas Celsius legte vor mehr als 250 Jahren die Gradeinteilung unseres Thermometers fest.
Wenn wir ein Thermometer ablesen, sagen wir zum Beispiel: „Es sind 20 Grad Celsius.“ Abgekürzt schreiben wir: 20 °C.
Die meisten Thermometer, die wir benutzen, sind so ähnlich aufgebaut:

Verbinde durch Striche!

Flüssigkeit

Glasröhrchen

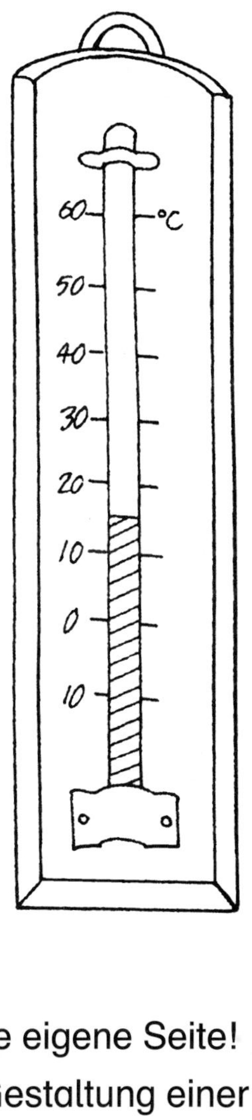

Gradeinteilung (Skala)

Haltebrett

Gestalte hierzu eine eigene Seite!
Der Leitfaden zur Gestaltung einer Seite hilft dir.

Verschiedene Thermometer

1. Beschrifte die Thermometer.

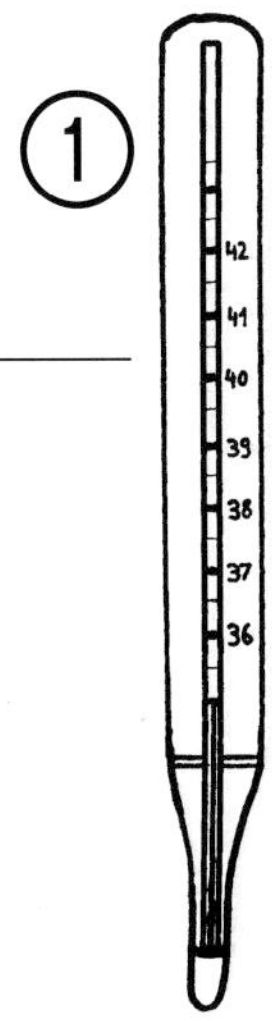

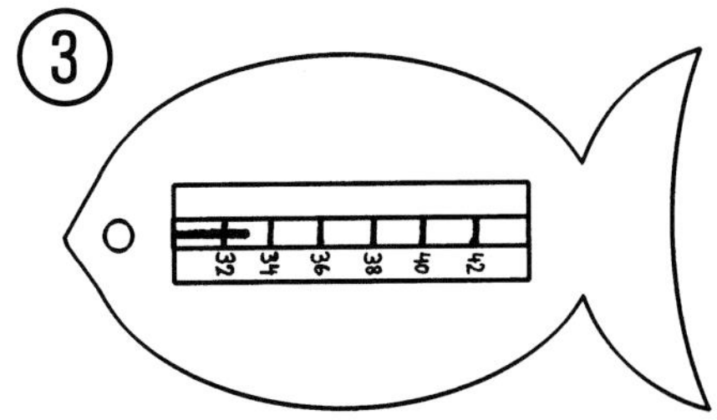

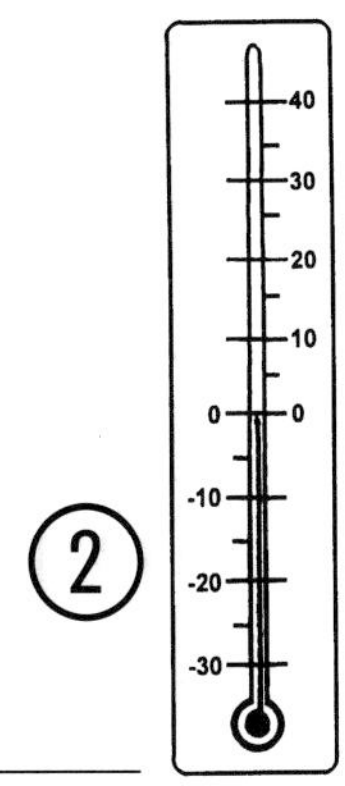

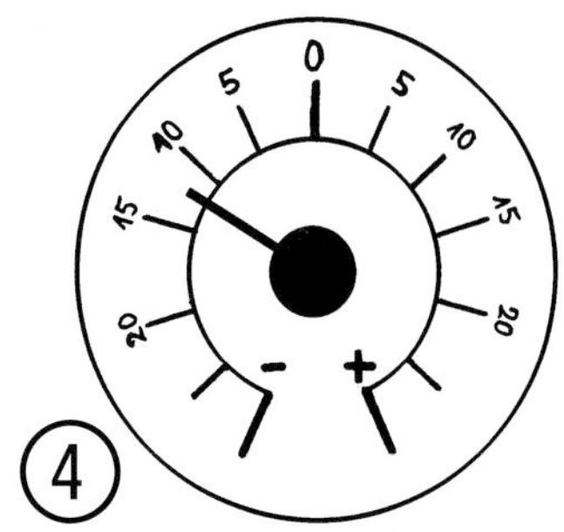

2. Mit welchem Thermometer wird hier gemessen?
Schreibe die Nummern in die Kreise.

Wie viel Grad ist es? (1/2)

Lies die Temperaturen ab,
und schreibe sie in die Felder darunter.

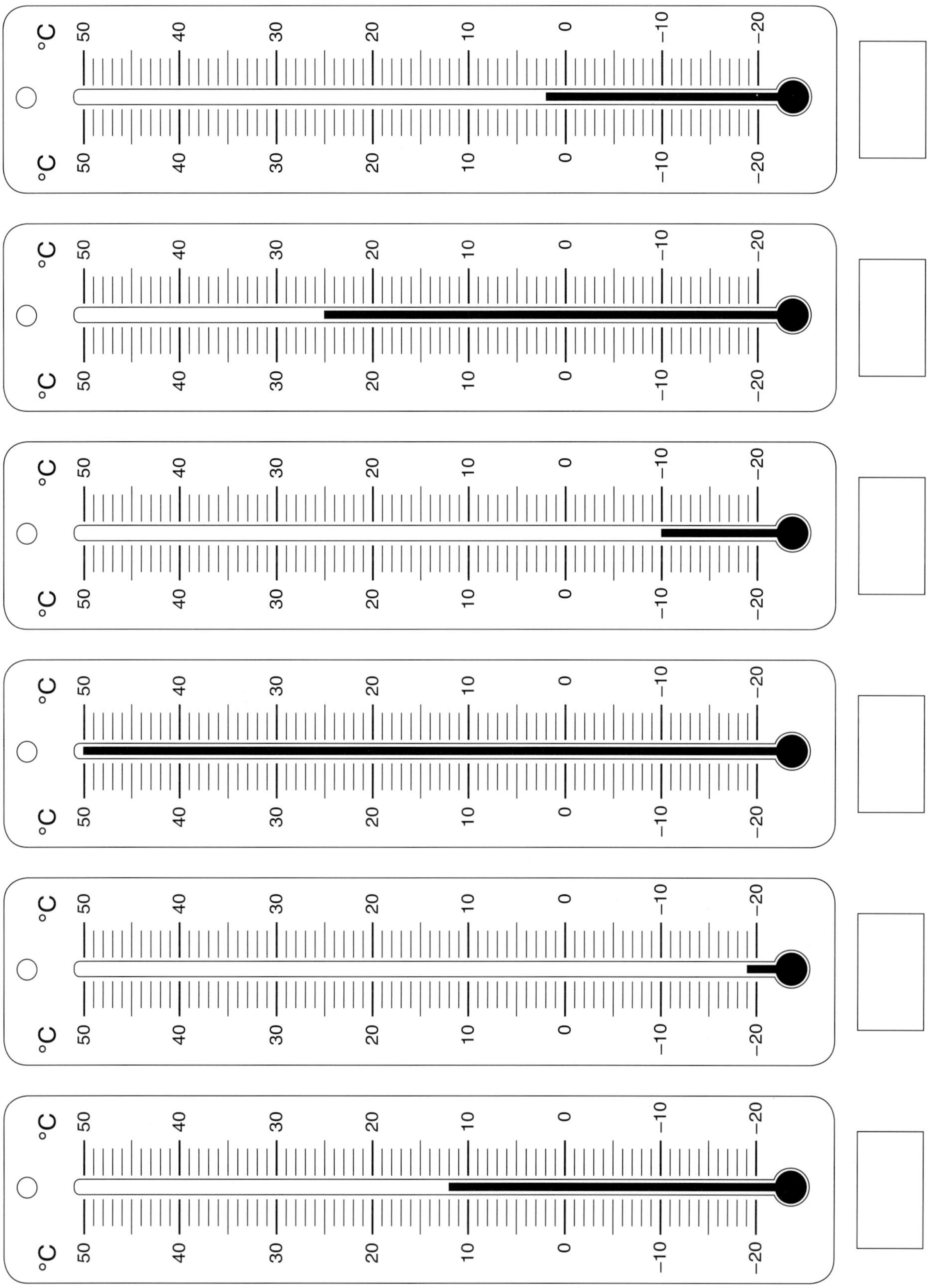

| ISBN 978-3-8346-0550-4

Wie viel Grad ist es? (2/2)

Zeichne die angegebene Temperatur
mit rotem Stift in die Thermometer.

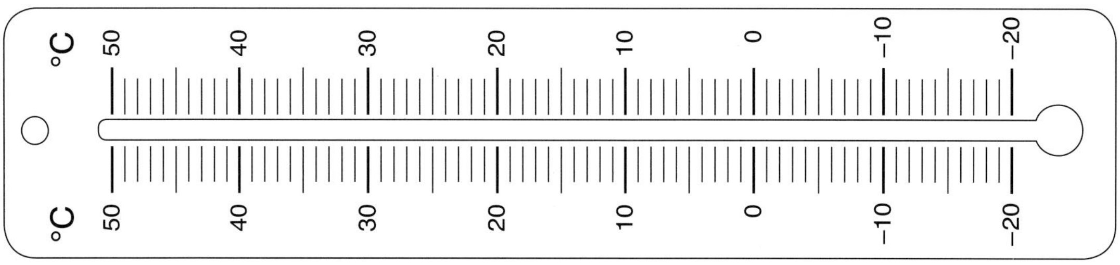

0 °C

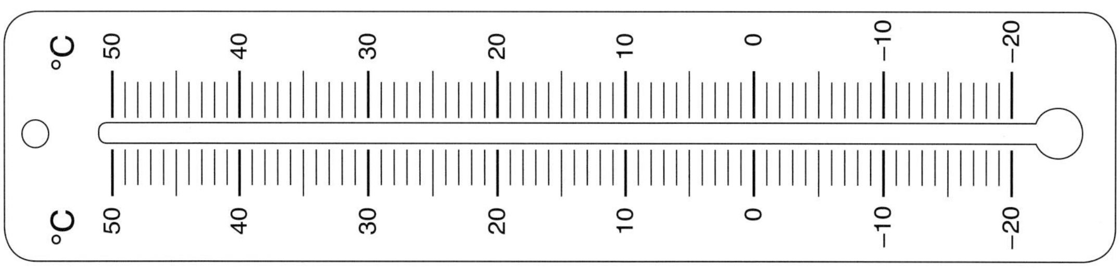

42 °C

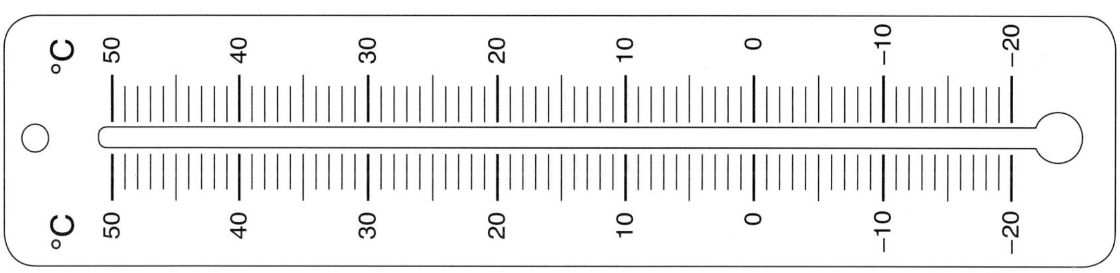

–15 °C

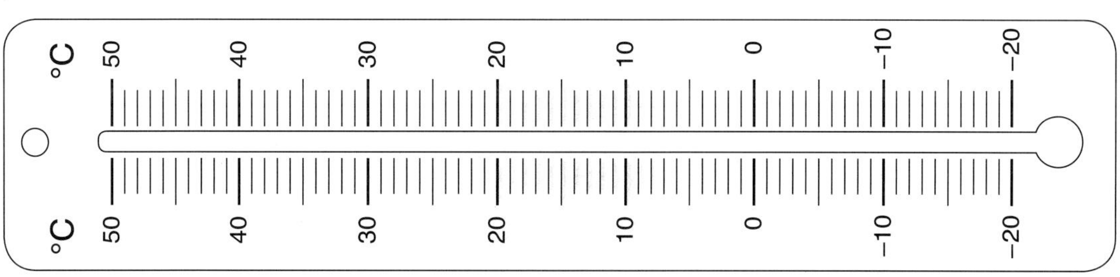

18 °C

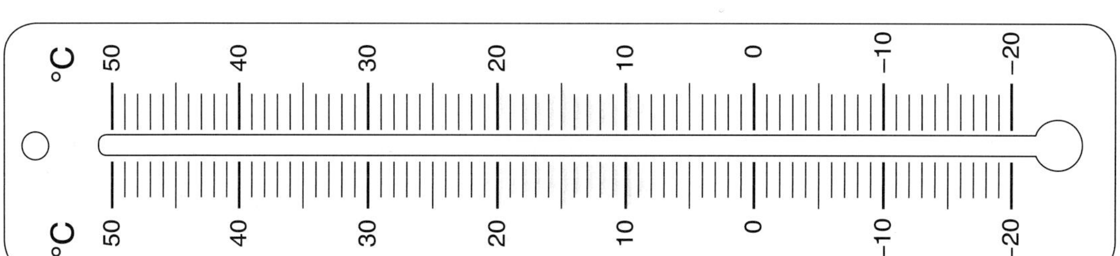

9 °C

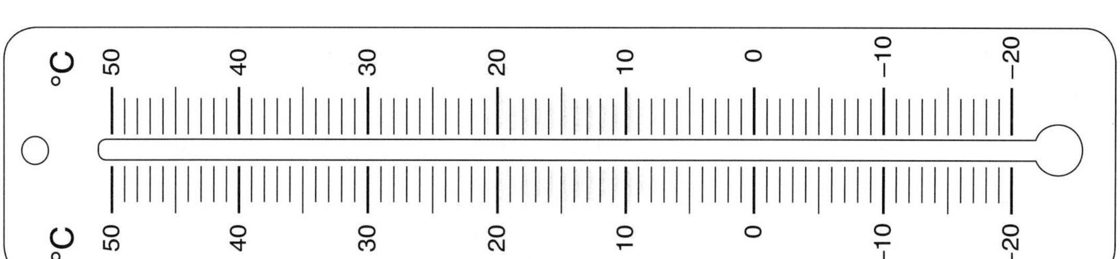

– 3 °C

Temperatur-Memory®

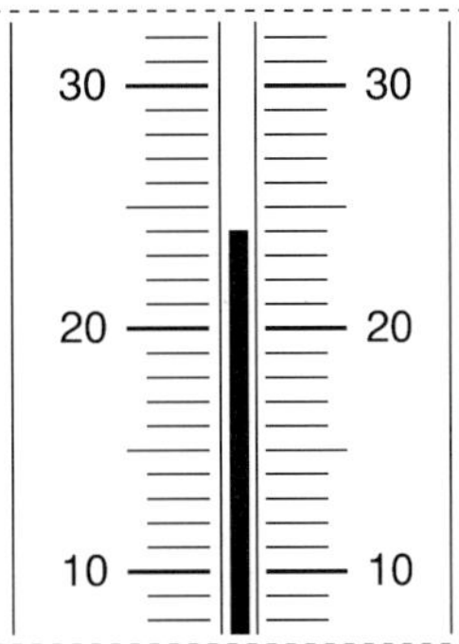

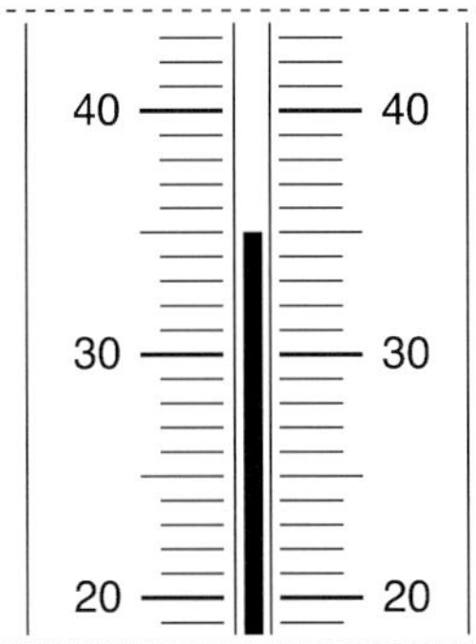

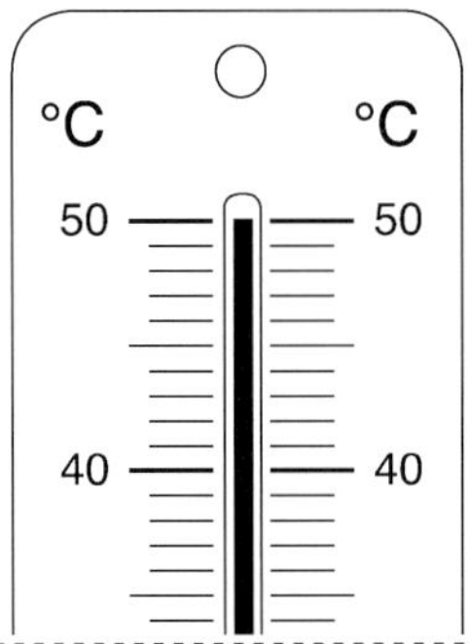

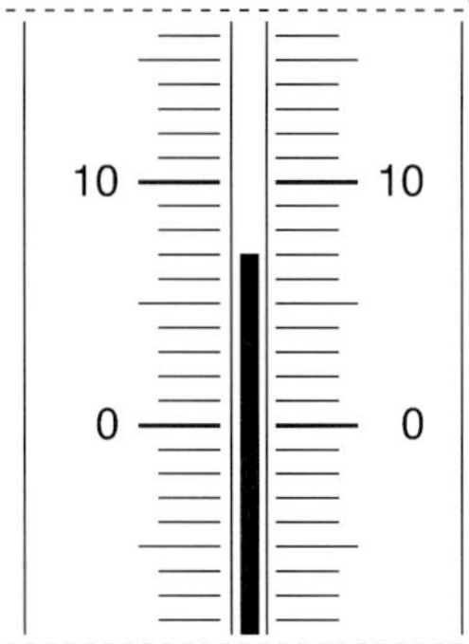

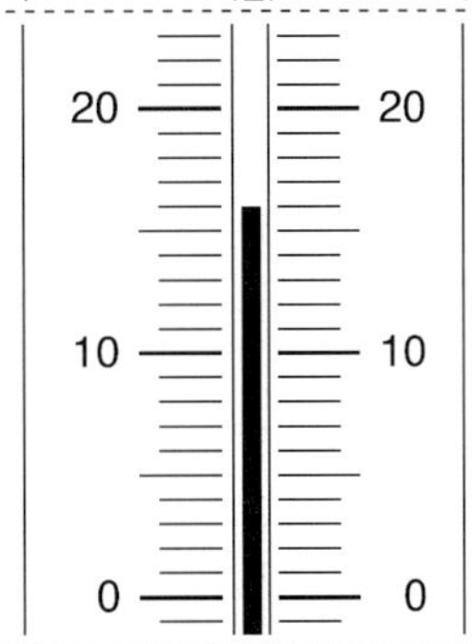

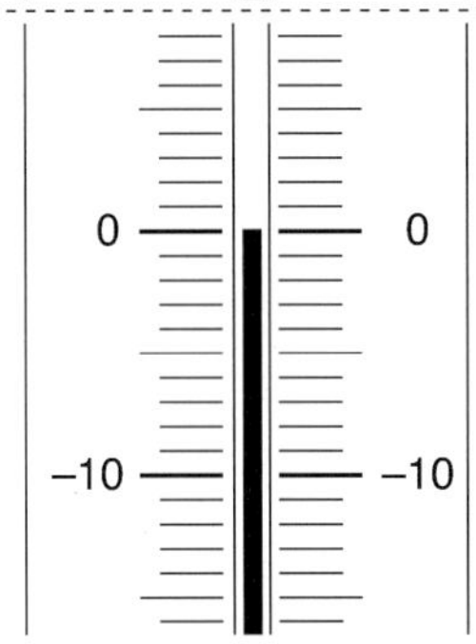

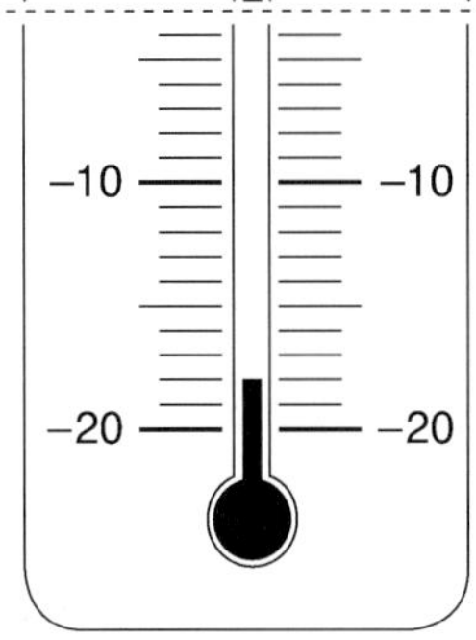

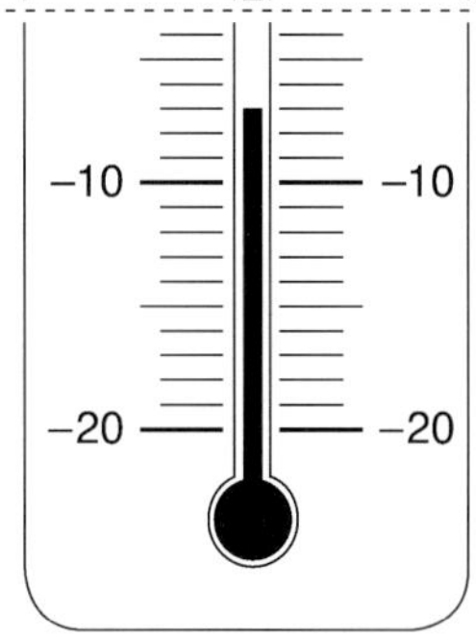

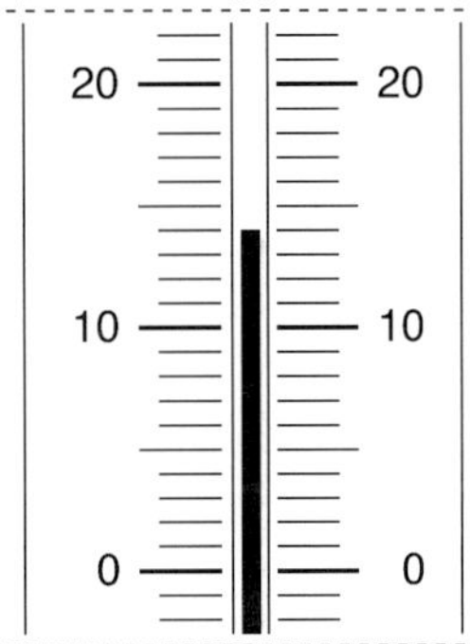

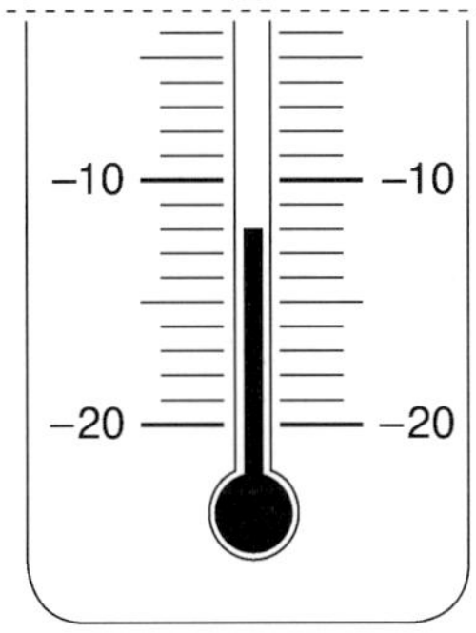

24 °C

35 °C

50 °C

7 °C

16 °C

0 °C

–18 °C

–7 °C

14 °C

–12 °C

Temperaturen zuordnen

M

Schreibe die folgenden Temperaturen neben das passende Bild:

65 °C | 6 °C | 29 °C | −6 °C | 100 °C | 38 °C

ISBN 978-3-8346-0550-4

Über und unter dem Gefrierpunkt

M

1. Welches Bild gehört zu welchem Text?

Bei diesem Thermometer liegen die 5 °C über dem Nullpunkt (Gefrierpunkt). Wir sprechen von Plustemperaturen.
Das bedeutet, dass es wärmer als 0 °C ist.
Es ist zwar kalt, aber das Wasser gefriert nicht zu Eis.

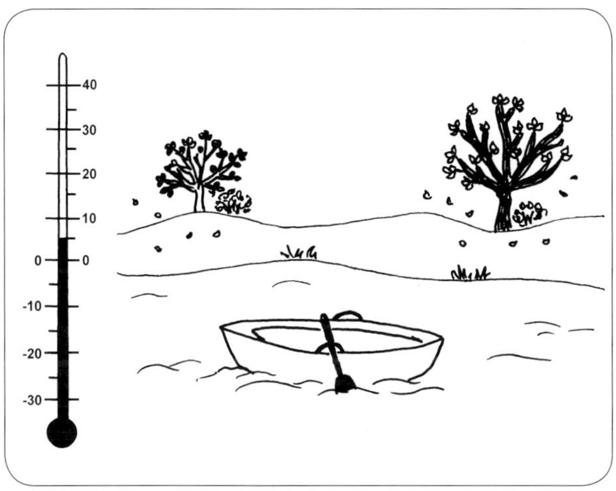

Bei diesem Thermometer liegen die 5 °C unter dem Nullpunkt (Gefrierpunkt). Wir sprechen von Minustemperaturen.
Das bedeutet, dass es kälter als 0 °C ist. Wir sagen dann: „Es friert", weil das Wasser in den Seen und auch im Boden zu Eis gefriert.

2. Begründe: Woran erkennst du, welcher Text zu welchem Bild gehört?

© Verlag an der Ruhr | Postfach 10 22 51 | 45422 Mülheim an der Ruhr | **www.verlagruhr.de** | ISBN 978-3-8346-0550-4

Nikolaus

A

Auftrag:

➯ Informiere dich über den Bischof Nikolaus.
Gestalte eine Seite zu ihm.

(M) **Dieses Material hilft dir:**

- Infokarte: Nikolaustag (S. 45)
- Arbeitsblatt: Eine Nikolaus-Legende (S. 49)
- Internetrecherche zu Nikolaus (S. 50)
- Leitfaden zur Gestaltung einer Seite

© Verlag an der Ruhr | 45422 Mülheim an der Ruhr | **www.verlagruhr.de** | ISBN 978-3-8346-0550-4

Advent & Weihnachten

Weihnachtsduft-Memory®

A

Auftrag:

➯ Finde durch Riechen heraus,
welche 2 Dosen den gleichen Inhalt haben.

(M) **Dieses Material hilft dir:**

- Filmdöschen, gefüllt mit verschiedenen weihnachtlichen Düften

Die **Winter**-Werkstatt 1/2

41

Weihnachtsdüfte zuordnen

A

Auftrag:

Rieche mit geschlossenen Augen an einer Duftdose.
Stelle die Dose auf das passende Bild.

Dieses Material hilft dir:

- Bildkarten: Weihnachtsdüfte (S. 43)
- Filmdöschen, gefüllt mit verschiedenen weihnachtlichen Düften

Weihnachtsbräuche

A

Auftrag:

Informiere dich über verschiedene Weihnachtsbräuche.
Gestalte dazu mindestens eine Seite.

Dieses Material hilft dir:

- Infokarten: Advent, Barbaratag, Nikolaustag, Heiligabend, Der 1. Weihnachtstag, Silvester, Neujahr, Dreikönigstag (S. 44–47)
- Arbeitsblatt: Der Adventskranz (S. 48)
- Leitfaden zur Gestaltung einer Seite

Bildkarten: Weihnachtsdüfte

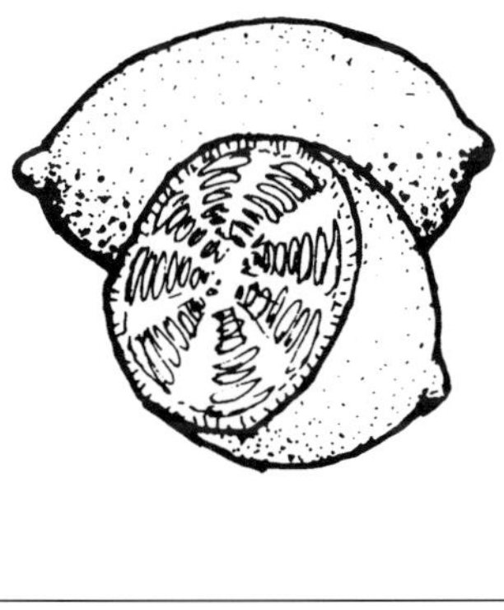

© Verlag an der Ruhr | Postfach 10 22 51 | 45422 Mülheim an der Ruhr | www.verlagruhr.de | ISBN 978-3-8346-0550-4

Infokarte: Advent

Die 4 Wochen vor dem Heiligen Abend sind für die Christen eine besondere Zeit.
In dieser Zeit warten wir auf die Ankunft von Jesus Christus. Advent bedeutet „Ankunft“. Diese vorweihnachtliche Zeit dient der Vorbereitung auf die Feier der Geburt von Jesus – das Weihnachtsfest.

Advent & Weihnachten

Infokarte: Barbaratag

M

Am 4. Dezember feiern viele Menschen das Fest der Heiligen Barbara.
Sie brechen an diesem Tag einen Zweig eines Kirsch- oder Apfelbaumes ab und stellen ihn ins Wasser. Wenn der „Barbarazweig“ an Weihnachten blüht, soll dies im nächsten Jahr Glück bringen.

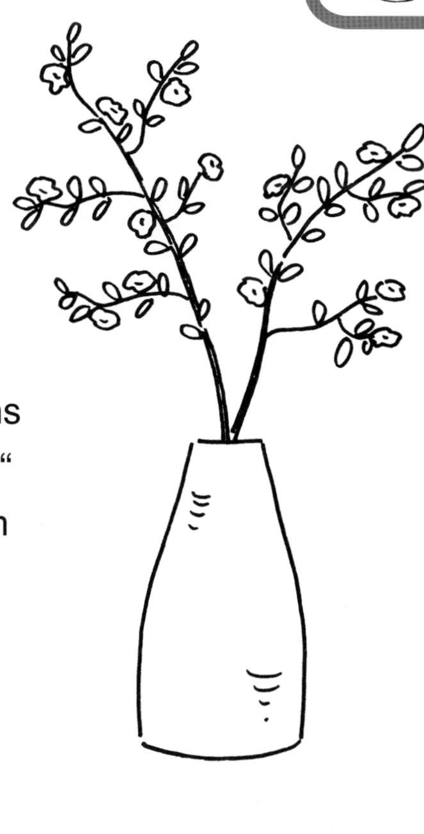

Die **Winter**-Werkstatt 1/2
44

© Verlag an der Ruhr | 45422 Mülheim an der Ruhr | **www.verlagruhr.de** | ISBN 978-3-8346-0550-4

Infokarte: Nikolaustag

Am 6. Dezember feiern wir das Andenken des Heiligen Nikolaus. Er lebte vor vielen Jahren als Bischof in Myra – einer Stadt in der Türkei. Nikolaus gilt als Schutzpatron für Kinder und Seefahrer. Er verschenkte viel von seinem Vermögen an die Armen. Daher kommt unser Brauch, dass am Nikolaustag die Kinder süße Überraschungen bekommen.

© Verlag an der Ruhr | 45422 Mülheim an der Ruhr | www.verlagruhr.de | ISBN 978-3-8346-0550-4

Advent & Weihnachten

Infokarte: Heiligabend

M

Der 24. Dezember ist der Vorabend des Weihnachtsfestes.
Wir nennen diesen Tag auch „Heiligabend“. Es ist der letzte Tag des Advents. An diesem Abend findet bei uns die Bescherung statt. Viele Familien gehen an Heiligabend in die Kirche, machen ein festliches Essen und sitzen gemütlich zusammen.

Die Winter-Werkstatt 1/2
45

Infokarte: Der 1. Weihnachtstag

Der erste Weihnachtsfeiertag am 25. Dezember gehört zu den höchsten Festtagen im Kirchenjahr. Wir feiern die Geburt von Jesus Christus. Es ist ein Fest des Friedens, das viele im Kreise ihrer Familie feiern.

Infokarte: Silvester

Der 31. Dezember ist der letzte Tag im Jahr. Wir nennen den Tag Silvester – nach dem heiligen Papst Silvester I.
Nach altem Volksbrauch veranstalten viele Menschen um Mitternacht ein Feuerwerk, um die Geister zu vertreiben und das neue Jahr zu begrüßen.

Infokarte: Neujahr

M

Am 1. Januar begrüßen wir in Europa das neue Jahr. Die Menschen schenken sich gegenseitig Glücksbringer. Viele Menschen nehmen sich für das neue Jahr bestimmte Dinge vor, die sie ändern wollen: zum Beispiel mehr Sport machen oder den Keller aufräumen.

Advent & Weihnachten

Infokarte: Dreikönigstag

M

Der Legende nach besuchten am 6. Januar die Heiligen Drei Könige Casper, Melchior und Balthasar das neugeborene Jesuskind im Stall von Bethlehem. Sie brachten ihm als Geschenke Gold, Weihrauch und Myrrhe. In vielen Regionen gibt es heute noch am 6. Januar das „Sternsingen". Dabei ziehen Kinder, verkleidet als die drei Könige, von Haus zu Haus und sammeln Spenden für arme Kinder.

Die Winter-Werkstatt 1/2

47

© Verlag an der Ruhr | 45422 Mülheim an der Ruhr | www.verlagruhr.de | ISBN 978-3-8346-0550-4

Der Adventskranz

Die 4 Wochen vor Weihnachten sind eine besondere Zeit. In dieser Adventszeit warten die Christen auf die Ankunft von Jesus Christus, der als Kind in einem Stall auf die Welt gekommen ist. Den Brauch des Adventskranzes gibt es seit etwa 100 Jahren. Damals war er aus grünen Zweigen gesteckt und mit 4 roten oder lilafarbenen Kerzen geschmückt. Jede der 4 Kerzen steht für einen Sonntag im Advent. Jeden Sonntag entzünden wir eine Kerze mehr. Je näher wir dem Weihnachtsabend kommen, desto heller wird der Kranz. Mit jeder Kerze soll die Vorfreude auf die Ankunft von Jesus Christus wachsen.

1. Worauf warten die Christen im Advent?
Unterstreiche **rot**!

2. Wie lange gibt es den Brauch des Adventskranzes?
Unterstreiche **blau**!

3. Wofür stehen die vier Kerzen?
Unterstreiche **grün**!

4. Wie sah der Adventskranz ursprünglich aus?

Gestalte hierzu eine Seite.
Der Leitfaden zur Gestaltung einer Seite hilft dir.

Eine Nikolaus-Legende

Vor vielen Jahren herrschte in Myra eine große Hungersnot. Es hatte so lange nicht geregnet, dass kein Getreide mehr wuchs. So konnten die Menschen kein Brot mehr backen. Eines Tages kam ein Schiff nach Myra. Es war voll beladen mit Getreide. Da das Getreide für den Kaiser bestimmt war, durfte der Kapitän nichts davon an die hungernden Menschen abgeben. Damals war Nikolaus Bischof von Myra. Er ging zum Hafen und sprach mit den Seeleuten. Nikolaus sprach: „Gebt den Menschen von eurem Getreide ab. Wenn ihr beim Kaiser ankommt, wird euch kein einziges Korn fehlen.“ Die Seeleute vertrauten Nikolaus und gaben viele Getreidesäcke ab. So hatte die Not der Menschen in Myra ein Ende. Als das Schiff im Hafen des Kaisers eintraf, fehlte nichts von dem Getreide. Die Seeleute erzählten die Geschichte überall weiter und bald wusste jeder im Land, welches Wunder Bischof Nikolaus vollbracht hatte.

1. Warum gab es eine große Hungersnot in Myra? Unterstreiche **rot**.

2. Für wen war das Getreide auf dem Schiff bestimmt? Unterstreiche **blau**.

3. Was verspricht Bischof Nikolaus den Seeleuten? Unterstreiche **grün**.

4. Worin besteht das Wunder von Bischof Nikolaus? Unterstreiche **gelb**.

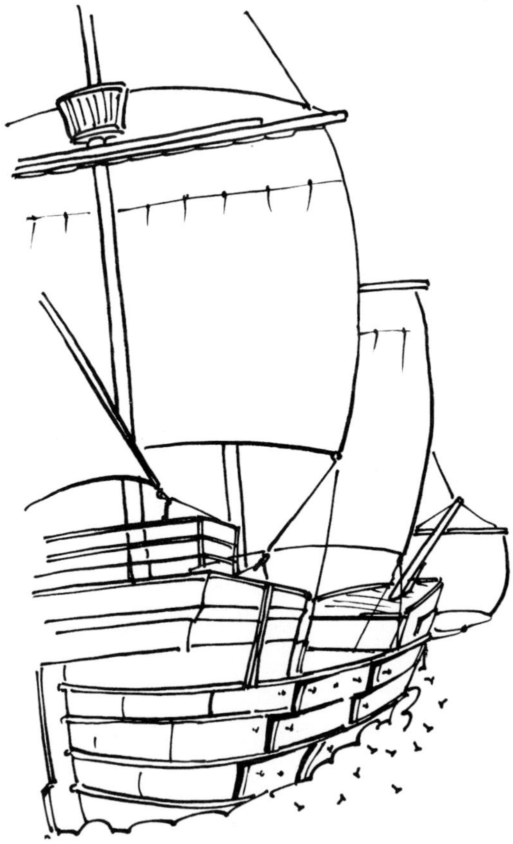

Internetrecherche zu Nikolaus

- Gib folgenden Text in die Adresszeile ein: www.kidsweb.at
- Klicke auf das Suche-Symbol .
- Gib in das Suchfeld die Begriffe „Nikolaus Geschichte“ ein.
- Lies den Text „Heiliger Nikolaus“ und beantworte die Fragen:

1. Wofür war Bischof Nikolaus bekannt?

2. Wann wurde Nikolaus ungefähr geboren?

3. Wie alt wurde Bischof Nikolaus?

4. In welchem Land liegt Myra?

Schreibe auf, was du noch über Bischof Nikolaus weißt.
Gestalte aus den Informationen eine eigene Seite.
Der Leitfaden zur Gestaltung einer Seite hilft dir.

ISBN 978-3-8346-0550-4

Wunschzettel

Diese Geschenke **kosten Geld**.
Male oder schreibe:

Diese Geschenke **kosten kein Geld**.
Male oder schreibe:

Winter-Cluster

A

Nimm eine leere Seite und schreibe das Wort „Winter“ in die Mitte. Bearbeite nun **einen der beiden** Aufträge:

Auftrag A: Klebe alle Bilder dazu, die zum Winter passen.

Auftrag B: Schreibe alle Wörter, die dir zum Winter einfallen, dazu. So könntest du anfangen:

Schnee — dunkel — **Winter** — kalt — Weihnachten

M **Dieses Material hilft dir:**

- Bilder für Winter-Cluster (S. 54)

Eis & Schnee

Schneeforscher

A

Auftrag:

- Wie entsteht Schnee, und warum ist er weiß?
- Wie kalt ist der Schnee?

Informiere dich und gestalte jeweils eine Seite dazu.

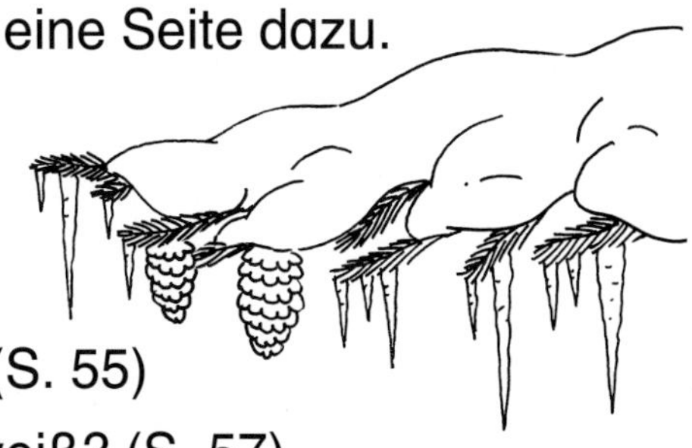

M **Dieses Material hilft dir:**

- Arbeitsblatt: Warum schneit es? (S. 55)
- Arbeitsblatt: Warum ist Schnee weiß? (S. 57)
- Arbeitsblatt: Wie kalt ist der Schnee? (S. 58)
- Leitfaden zum Gestalten einer Seite

Schnee schmelzen

A

Aufrag:

➪ Fülle ein Glas mit Schnee und markiere den Rand.

➪ Lasse den Schnee nun schmelzen.
Was fällt dir auf?

M **Dieses Material hilft dir:**

- Glas
- Schnee
- Stift zum Markieren

Schlittschuhläufer

A

Auftrag:

➪ Beschäftige dich mit den angegebenen Materialien.

➪ Baue daraus einen „Schlittschuhläufer".

➪ Setze ihn auf einen Eiswürfel.
Was beobachtest du? Schreibe auf.

M **Dieses Material hilft dir:**

- Korken, 2 Büroklammern, Schraube
- Eiswürfel

Bilder für Winter-Cluster

M

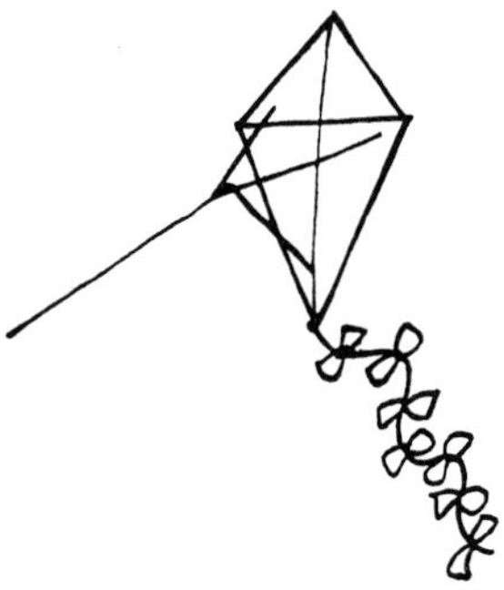

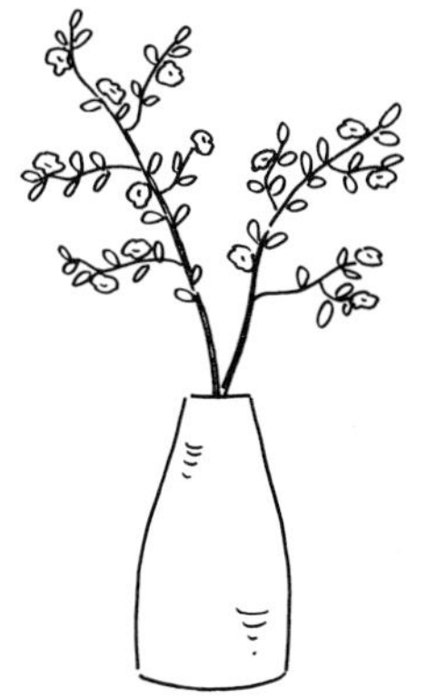

Warum schneit es?

M

Wenn kleine Wassertropfen in den Wolken gefrieren, entstehen Eiskristalle. Dazu muss die Temperatur in den Wolken unter 0 °C liegen. Viele Eiskristalle zusammen bilden eine Schneeflocke. Sind die Flocken schwer genug, fallen sie als Schnee zur Erde. Jede Schneeflocke sieht anders aus. Eines haben sie jedoch alle gemeinsam …

Schau dir die Flocken genau an. Was fällt dir auf!

Gestalte hierzu eine eigene Seite!
Der Leitfaden zur Gestaltung einer Seite hilft dir.

Du brauchst:
- 1 weißes, quadratisches Papier
- Schere
- Bleistift

Bastelanleitung: Schneekristall

M

①
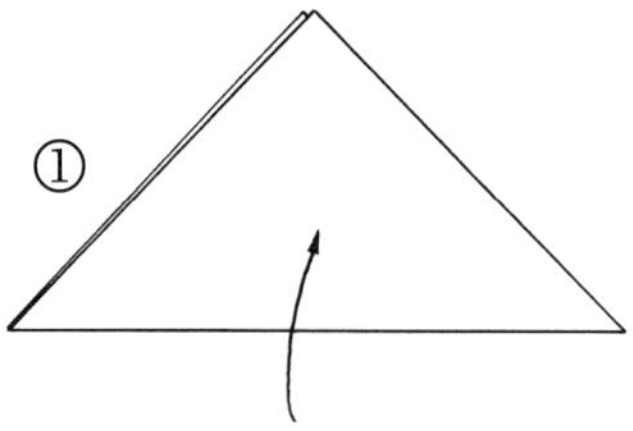

1. Falte eine Ecke auf die gegenüberliegende Ecke. Es entsteht ein Dreieck.

②
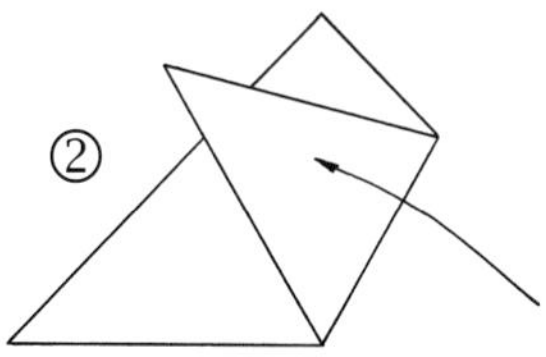

2. Falte die rechte Dreieckspitze nach links.

③
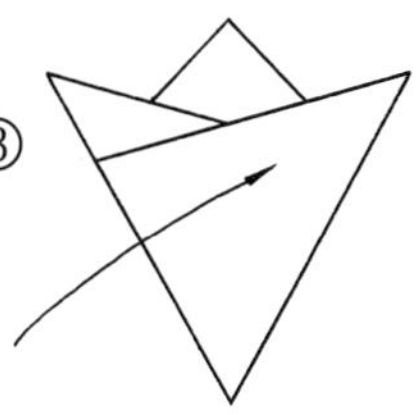

3. Falte die linke Dreieckspitze an der Kante des rechten Dreiecks nach rechts.

④
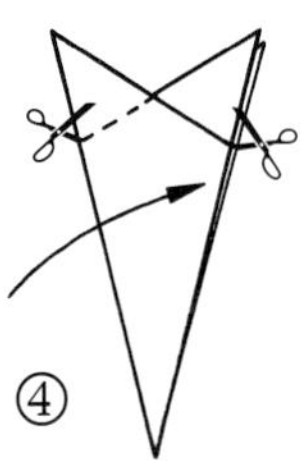

4. Falte nun die linke Seite auf die rechte. Schneide oben die überstehenden Spitzen ab.

⑤

5. Zeichne ein Muster auf dein Faltstück, ähnlich wie auf dem Bild.

⑥

6. Schneide es von der offenen Seite her aus.

⑦
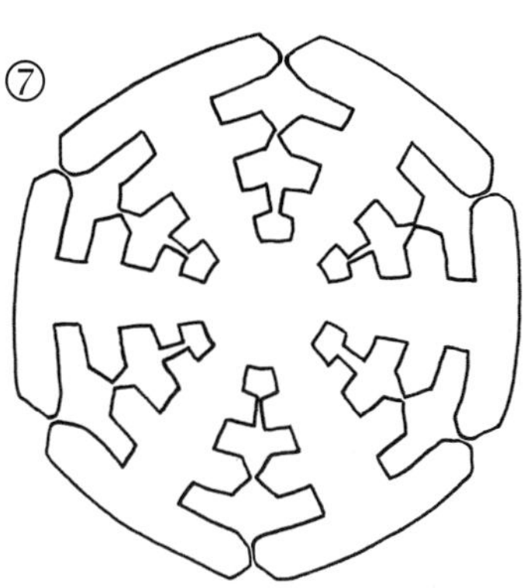

7. Falte das Faltstück auseinander. Fertig!

 | ISBN 978-3-8346-0550-4

M

Warum ist Schnee weiß?

Schneeflocken bestehen aus winzig kleinen Eiskristallen (gefrorene Wassertröpfchen). Die Eiskristalle sind durchsichtig. Schnee besteht aber nicht nur aus den Kristallen. Im Schnee ist auch eine Menge Luft. Die Luft ist überall zwischen den Kristallen verteilt. Wenn jetzt Licht auf den Schnee fällt, wird das Licht reflektiert. Wir sehen dann die Farbe Weiß. Das ist ein bisschen wie bei einem Spiegel, den du fotografierst. Du wirst geblendet und siehst einen weißen Blitz. So ist das auch beim Schnee.

Woraus besteht Schnee?
Unterstreiche im Text **rot**! Schreibe mit deinen Worten auf:

Gestalte hierzu eine eigene Seite!
Der Leitfaden zur Gestaltung einer Seite hilft dir.

Wie kalt ist der Schnee?

M

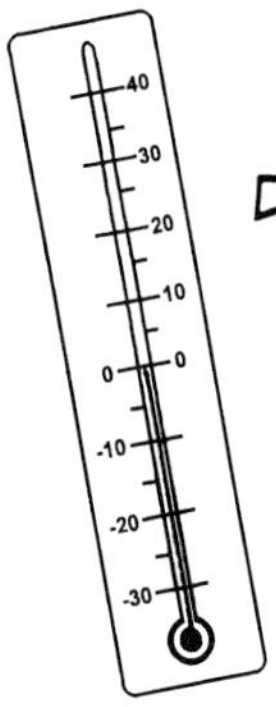

Nimm ein Thermometer und gehe nach draußen in den Schnee.
Miss die Außentemperatur.
Danach miss die Schneetemperatur. Zuerst an der Schneeoberfläche, danach unter der Schneedecke am Boden.
Was stellst du fest?

Datum:			
Außentemperatur:			
Schneetemperatur an der Oberfläche:			
Schneetemperatur am Boden:			

Meine Beobachtungen:

Eisdetektive

➩ Führe den Versuch durch und schreibe deine Beobachtungen auf:

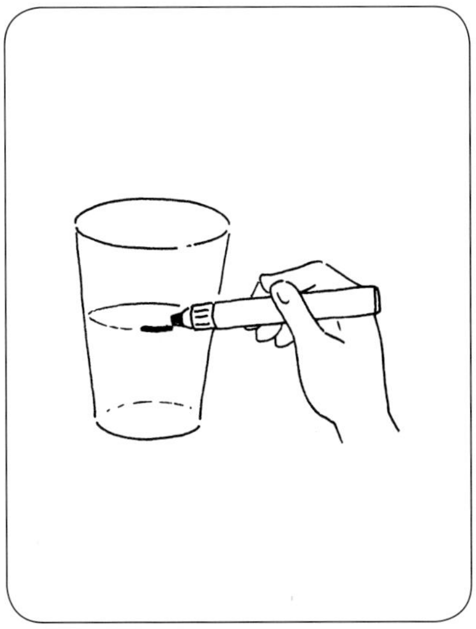

Fülle einen Plastikbecher zur Hälfte mit Wasser.
Markiere den Wasserspiegel von außen mit einem Filzstift.
Stelle den Becher aufrecht in das Gefrierfach.
Warte etwa 2 Stunden. Nimm den Becher wieder aus dem Gefrierfach heraus. Was stellst du fest?

© Verlag an der Ruhr | Postfach 10 22 51 | 45422 Mülheim an der Ruhr | www.verlagruhr.de | ISBN 978-3-8346-0550-4

Literatur- und Internettipps

Literaturtipps

Birgit Brandenburg:
Herbst- und Wintergedichte.
ISBN 978-3-8346-0264-0
Verlag an der Ruhr, 2007

Heiner Bredehöft:
Vom Nikolaus im Kaufhaus und Engeln aus dem All. 8 weihnachtliche Theaterstücke mit wenig Aufwand.
ISBN 978-3-8346-0563-4
Verlag an der Ruhr, 2009

Björn Geitmann:
Waldwerkeln und Waldgeschichten. Basteleien, Texte, Lieder und Spiele.
ISBN 978-3-8346-0320-3
Verlag an der Ruhr, 2007

Luisa Hartmann:
24 Adventsgeschichten.
ISBN 978-3-8346-0300-5
Verlag an der Ruhr, 2007

Andrea Hündlings:
Wasserforscher und Luftikusse. Ausgearbeitete Experimentierstunden für 4- bis 7-Jährige.
ISBN 978-3-8346-0237-4
Verlag an der Ruhr, 2007

Heike Jung:
Kinder lernen Tiere aus Feld und Wiese kennen. Ein Arbeitsbuch mit Steckbriefen, Sachgeschichten, Rätseln, Spielen und Bildkarten.
ISBN 978-3-8346-0359-3
Verlag an der Ruhr, 2008

Heike Jung:
Kinder lernen Waldtiere kennen. Ein Arbeitsbuch mit Steckbriefen, Sachgeschichten, Rätseln, Spielen und Bildkarten.
ISBN 978-3-8346-0244-2
Verlag an der Ruhr, 2007

Svenja Maibaum:
Klasse(n)-Adventsideen für Kurzentschlossene. 2 x 24 Bastel-, Spiel- und Leseangebote.
ISBN 978-3-8346-0562-7
Verlag an der Ruhr, 2009

Petra Mönning, Silke Schwetschenau, Karolin Willems:
Die Wetter-Werkstatt.
ISBN 978-3-86072-676-1
Verlag an der Ruhr, 2002

Lena Morgenthau:
Was ist offener Unterricht. Wochenplan und Freie Arbeit organisieren.
ISBN 978-3-86072-706-5
Verlag an der Ruhr, 2003

Redaktionsteam Verlag an der Ruhr:
Der Universal-Kalender für Kita und Grundschule
ISBN 978-3-8346-0591-7
Verlag an der Ruhr, 2009

Monika Kohler:
Theater spielen zu Weihnachten. Die Weihnachtsbotschaft für unsere Zeit.
ISBN 978-3-86072-632-7
Verlag an der Ruhr, 2001

Internettipps*

www.wissenskarten.de
www.kidsweb.at
Hier finden Kinder leicht verständliche Sachinformationen zu vielfältigen Themen.

www.blindekuh.de
www.helles-koepfchen.de
Die unserer Einschätzung nach besten Kinder-Suchmaschinen für Sachinformationen, Experimente und Spiele aller Art.

* Die in diesem Werk angegebenen Internetadressen haben wir geprüft (Stand Oktober 2011). Da sich Internetadressen und deren Inhalte schnell verändern können, ist nicht auszuschließen, dass unter einer Adresse inzwischen ein ganz anderer Inhalt angeboten wird. Wir können daher für die angegebenen Internetseiten keine Verantwortung übernehmen.

Farbfotos (1/2)

Farbfotos (2/2)

Verlag an der Ruhr

Keiner darf zurückbleiben

Weitere Informationen und Blick ins Buch unter

www.verlagruhr.de

„Mir hat gut gefallen, dass …“
88 Impulskarten für gezielte und begründete Reflexionen
Kl. 1–6, 88 farbige Karten A4
Best.-Nr. 978-3-8346-2309-6

Mein Klassenraum – perfekt organisiert
160 Bildkarten, Regel- und Hinweisschilder
Kl. 1–4, 72 farbige Karten A4, teilweise zum Auseinanderschneiden
Best.-Nr. 978-3-8346-2434-5

Der Universal-Kalender für Kita und Grundschule
3–10 J., 110 farbige Karten A6
Best.-Nr. 978-3-8346-3615-7

Was muss ich machen?
35 visualisierte Arbeitsanweisungen
Kl. 1–4, 35 farbige Karten, 12 x 12 cm
Best.-Nr. 978-3-8346-3588-4

Mein Grundschulzeit-Lapbook
Kopiervorlagen zum Schneiden, Falten und Weitergestalten
Kl. 2–4, 48 S., A4, Heft
Best.-Nr. 978-3-8346-3580-8

30 x kreatives Schreiben für 45 Minuten – Klasse 1/2
Ausgearbeitete Stunden mit Kopiervorlagen
Kl. 1–2, 96 S., A4
Best.-Nr. 978-3-8346-3565-5

DaZ-Praxis
Familie & Zuhause
Differenzierte Arbeitsblätter für Deutsch-Anfänger
Kl. 1–4, 72 S., A4, Heft
Best.-Nr. 978-3-8346-3572-3

Merk-Poster
12 große Merk-Poster DaZ – erste Sätze
Kl. 1–13, 12 farbige Poster, A2
Best.-Nr. 978-3-8346-3563-1

Upcycling! – Neue Sachen aus alten Klamotten
22 einzigARTige Kreativideen für Kinder von 4–8
4–8 J., 64 S., A4, farbig
Best.-Nr. 978-3-8346-3612-6

20 x klassische Musikstücke für 45 Minuten – Klasse 1/2
Ausgearbeitete Stunden zu Komponisten und ihren Werken
Kl. 1–2, 96 S., A4 + CD-ROM mit allen benötigten Musikstücken
Best.-Nr. 978-3-8346-3187-9

Schriftliche Rechenverfahren: Grundrechenarten – Klasse 3/4
Merkblätter, Übungsaufgaben und Lösungen
Kl. 3–4, 80 S., A4, Heft
Best.-Nr. 978-3-8346-3584-6

Stationen-Fotokarten für den Sportunterricht – Klasse 1/2
Aufbauhilfen mit Bewegungsideen, inkl. DIN-A0-Aufbau-Poster
Kl. 1–2, 40 farbige Karteikarten, A4 quer
Best.-Nr. 978-3-8346-3206-7
Ebenfalls für Klasse 3/4 erhältlich.

Verlag an der Ruhr

Weitere Informationen und Blick ins Buch unter

www.verlagruhr.de

Keiner darf zurückbleiben

111 Ideen – Klassenlehrer sein in der Grundschule
Von Klassenverwaltung bis Raumgestaltung
Kl. 1–4, 128 S., 17 x 24 cm
Best.-Nr. 978-3-8346-2585-4

Die Lehrerpersönlichkeit – Chance und Herausforderung
Wie Sie Ihre Rolle finden und Lernerfolg steigern
Kl. 1–13, 160 S., 17 x 24 cm
Best.-Nr. 978-3-8346-3057-5

Selbstfürsorge als Basis der Lehrergesundheit
Strategien, Tipps und Praxishilfen
Kl. 1–13, 224 S., 17 x 24 cm
Best.-Nr. 978-3-8346-3077-3

Mein Schulalltag, meine Ideen und Ich
Raum für Listen, Inspirationen und kreative Pausen
Kl. 1–13, 64 S., 17,5 x 18 cm, farbig
Best.-Nr. 978-3-8346-3233-3

111 Ideen zur Integration von Seiteneinsteigern
Flüchtlings- und Migrantenkinder von Anfang an richtig begleiten
Kl. 1–4, 176 S., 17 x 24 cm
Best.-Nr. 978-3-8346-3185-5

77 motivierende Unterrichtseinstiege für die Grundschule
Kl. 1–4, 176 S., 17 x 24 cm
Best.-Nr. 978-3-8346-2428-4

Individuell lernen – gemeinsam arbeiten
Ein kompetenzorientiertes Unterrichtsmodell aus der Grundschulpraxis
Kl. 1–4, 224 S., A4, farbig, mit bearbeitbaren Vorlagen auf CD-ROM
Best.-Nr. 978-3-8346-2713-1

60 Pausenhof-Klassiker
Spiele für Kinder und Jugendliche
Kl. 1–10, 80 S., 17 x 24 cm, farbig
Best.-Nr. 978-3-8346-3190-9

Praxisbuch Kopfgymnastik für Kinder
Mit kleinen Übungen aus der Kinesiologie das Gehirn aktivieren, Konzentration fördern, Denkblockaden lösen
5–10 J., 104 S., 17 x 24 cm, farbig
Best.-Nr. 978-3-8346-2613-4

Resilienz entwickeln und stärken in der Grundschule
Praktische Materialien, die Kinder widerstandsfähiger machen
Kl. 1–4, 128 S., A4
Best.-Nr. 978-3-8346-3581-5

Grundschulkinder entspannen mit Autogenem Training
Praxiserprobte Übungen und Geschichten
Kl. 1–4, 88 S., A4
Best.-Nr. 978-3-8346-3574-7

Klassensprecher, Klassenrat und Schülerparlament
Praxisanleitungen zur Demokratieerziehung in der Grundschule
Kl. 1–4, 128 S., A4
Best.-Nr. 978-3-8346-2978-4